まちごとチャイナ

Fujian 006 Quanzhou
泉州

海のシルクロード「出発地」

Asia City Guide Production

【白地図】泉州と華南

CHINA
福建省

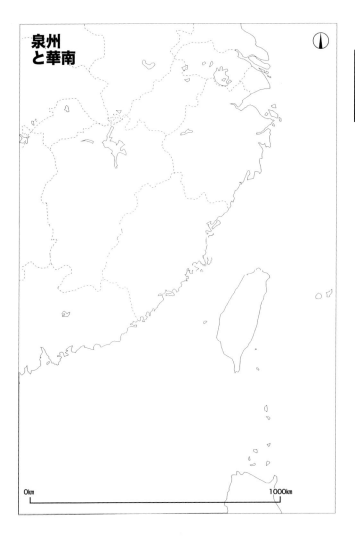

【白地図】泉州

CHINA
福建省

泉州

Quanzhou

白地図

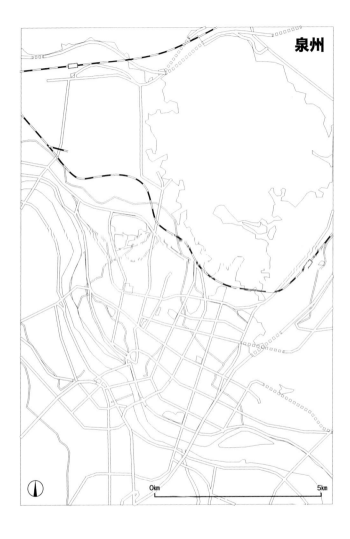

【白地図】開元寺

CHINA
福建省

【白地図】開元寺伽藍

CHINA
福建省

開元寺伽藍

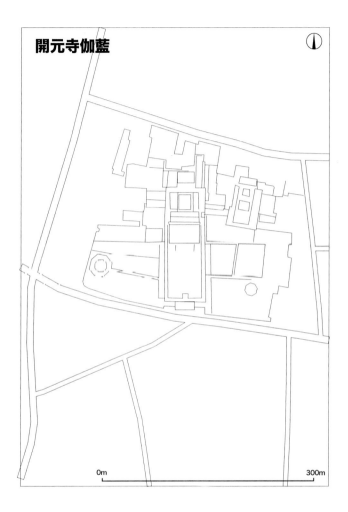

Quanzhou 白地図

0m　　　300m

【白地図】泉州市街

CHINA
福建省

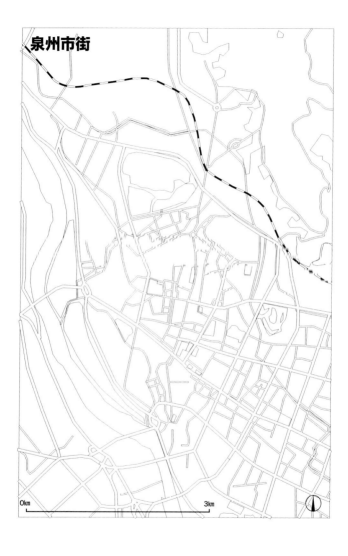

【白地図】清浄寺

CHINA
福建省

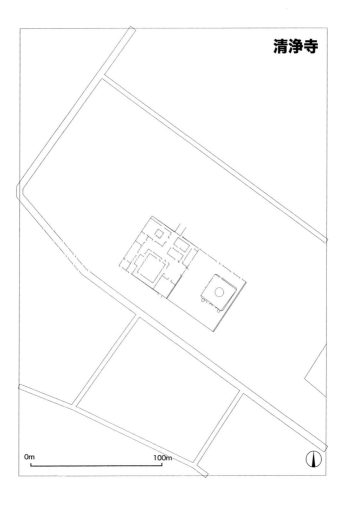

【白地図】市街中心

CHINA
福建省

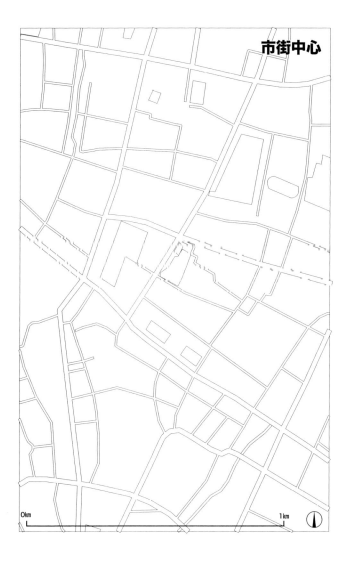

【白地図】市街南部

CHINA
福建省

【白地図】市街東部

CHINA
福建省

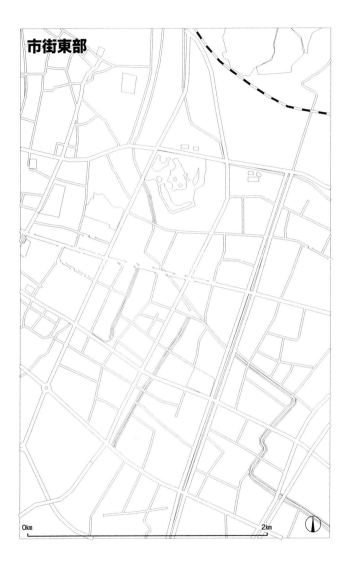

【白地図】市街北部

CHINA
福建省

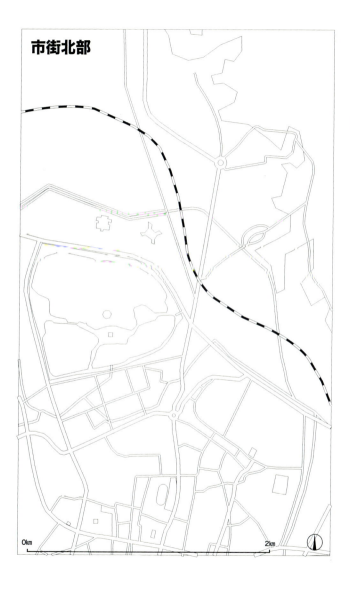

【白地図】清源山風景区

CHINA
福建省

【白地図】洛陽橋

CHINA
福建省

洛陽橋

Quanzhou 白地図

泉州〜洛陽橋

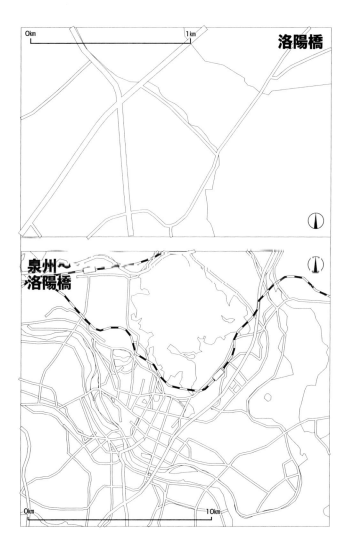

【白地図】泉州郊外

CHINA
福建省

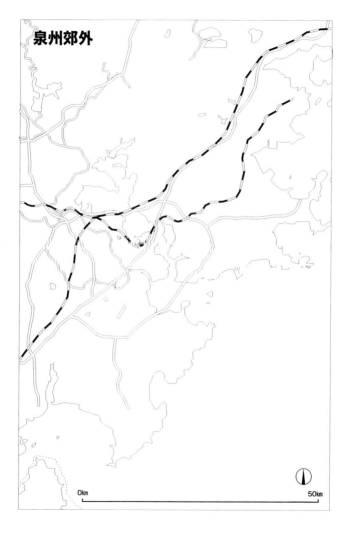

【白地図】崇武古城

CHINA
福建省

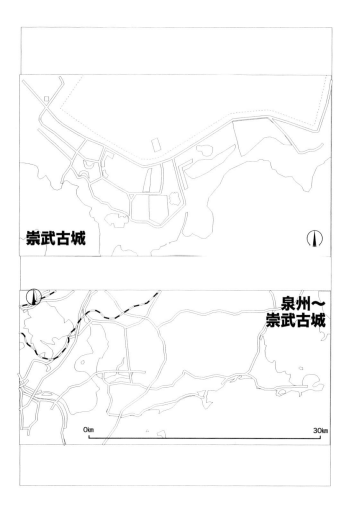

【まちごとチャイナ】
001 はじめての福建省
002 はじめての福州
003 福州旧城
004 福州郊外と開発区
005 武夷山
006 泉州
007 厦門
008 客家土楼

CHINA
福建省

複雑に海岸線が入り組む中国東南沿海部に位置する泉州。この街は、南宋（1127〜1279年）から元（1260〜1368年）代にかけて、50万人の人口を抱える世界最大の港として知られていた。その繁栄はマルコ・ポーロが「アレキサンドリアとならぶ世界最大を誇る二大海港」とたたえている。

当時、中国の陶磁器や絹織物が泉州からインド洋やアラビアへ向かって運ばれていくなど、「海のシルクロード」の出発地という性格をもち、イスラム教徒やヒンドゥー教徒も共存

Quan Zhou
泉州 quán zhōu チュゥアンチョウ
泉州

する国際都市であった。こうして福建省最大の街だった泉州も明（1368〜1644年）代に入ると、港湾機能が低下し、北の福州、南の厦門に繁栄をとって替わられて現在にいたる。

かつての栄光をしのばせるように、泉州は多くの史跡を抱え、東西の仏塔が立つ名刹の「開元寺」、現存する中国最古の「イスラム寺院（清浄寺）」、美しい石づくりの「洛陽橋」が残る。また同じ祖先を崇拝する宗族が発展し、精緻な工芸、南音などの伝統芸能が盛んな福建省南部「閩南」の文化的主都という性格をもつ。

【まちごとチャイナ】

福建省 006 泉州

CHINA
福建省

目次

泉州 ……………………………………………… xxx

百万の富集めた刺桐城 …………………………… xxxvi

開元寺鑑賞案内 …………………………………… xlix

清浄寺鑑賞案内 …………………………………… lxv

市街中心城市案内 ………………………………… lxxv

省超える閩南文化その精華 ……………………… xc

市街南部城市案内 ………………………………… xcix

市街東部城市案内 ………………………………… cxvii

市街北部城市案内 ………………………………… cxxxi

洛陽橋鑑賞案内 …………………………………… cxlv

泉州郊外城市案内 ………………………………… clii

崇武古城鑑賞案内 ………………………………… clxviii

城市のうつりかわり ……………………………… clxxv

【MEMO】

【MEMO】

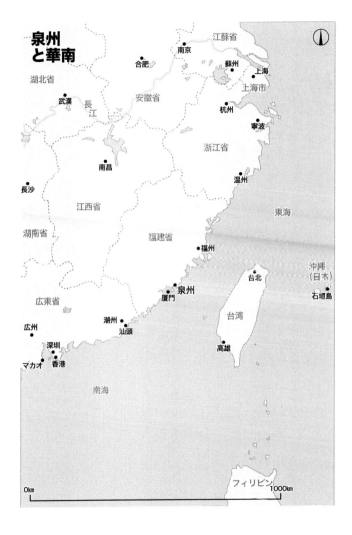

百万の富集めた刺桐城

CHINA 福建省

陸よりも安全で物資を大量に運べる
海のルート、厦門登場以前
泉州は「海上絲綢之路」の起点だった

中世世界最大の港

中国では唐代末ごろより、海上交易の需要が高まり、それまでほとんど知られていなかった泉州は、北宋時代、開封、西安、杭州、福州、長沙とならぶ人口20万人以上を抱える都市となっていた。南宋（1127〜1279年）の都が杭州におかれると、泉州の繁栄は決定的なものとなり、それまで中国最大だった広州を凌駕する港町へ成長した。イスラム教、ネストリウス派キリスト教、ゾロアスター教、マニ教、ヒンドゥー教。アラブ人、ペルシャ人、インド人など世界中の商人が集まり、泉州は異なる宗教や人種が一同に会する国際港湾都市

Quanzhou　百万の富集めた刺桐城

であった。綿花、香木、象牙などが中国に輸入され、絹織物、陶磁器、お茶、羅針盤といった品々が泉州から東南アジアや、インド、イスラム世界へ輸出されていった。この地を訪れたマルコ・ポーロ(1254〜1324年)やイブン・バットゥータ(1304〜68/77年)は、泉州を「世界最大の港」とたたえている。

泉州・鯉城・ザイトゥンと呼ばれて

西晋の282年、現在の市街から北西部の豊洲に街が築かれ、泉州という地名は隋代の589年にはじめて見られる。この「泉州」という地名は、街の北の清源山にわく虎乳泉に由来し、

CHINA
福建省

この清源山から見る泉州旧城の姿が鯉のかたちに似ていたため、「鯉城」とも呼ばれた。また、945年、留従效が泉州城の周囲に刺桐(ザイトゥン)の花を植えたことから、「刺桐城」とも言い、マルコ・ポーロやイブン・バットゥータは、泉州を「ザイトゥン」として記している(ザイトゥンはアラビア語でオリーブを意味し、イスラム商人たちにこの名前が親しまれた)。泉州は長いあいだこの「ザイトゥン」の名で知られてきたが、1年を通して温暖な気候のため、「温陵」と呼ばれていたこともある。

▲左　泉州の街の由来となった泉のわく清源山にて。　▲右　屋根にほどこされた極彩色の装飾、これが閩南様式

泉州人の気質

宋代、よい風に乗れたなら、泉州からベトナム南部のチャンパまで20日で到着できたという（チャンパ米は中国の人口増の食糧難に応えた）。山を背後に海に開けた地形、対岸に台湾をのぞむ立地は、多くの泉州人を海へと向かわせてきた。泉州は中華世界と南海世界を結ぶ結節点となり、さまざまな人びとが集まり、共存する街は、寛容な都市文化と進取の気質を育んだ。勤勉で、忍耐強い泉州人（閩南華僑）は、東南アジアや台湾などの進出先でも成功し、そこから故郷の泉州へ送金するといったことも見られた。現在でも、泉州のひと

【MEMO】

CHINA
福建省

りあたりのGDPは福建省有数とされ、「靴都」晋江、「アパレル城」石獅、「石材城」南安、「磁都」徳化、「茶都」安渓というように、泉州一帯の街々ではそれぞれに個性ある特産品を有している。

泉州の構成

複雑なリアス式海岸を見せる泉州湾(東海)にそそぐ晋江。泉州はその河口部北岸に位置し、あたりは晋江の堆積でつくられた大平原が広がり、北西に丘陵地帯が続く。晋江の流れやその支流、水路にあわせて街が築かれたため、泉州旧城の

▲左　中国四大名橋のひとつ洛陽橋。　▲右　西湖公園の近くで屋台が出ていた

城壁は変則的に走っていた（現在は撤去されている）。泉州の大動脈で南北に走る「中山路」はかつて南街、北街と呼ばれ、西街、東街がそれと垂直に交わる。西街には古刹「開元寺」が残り、晋江に面した南門外にはアラビア人やペルシャ人の暮らした「聚宝街」が位置する。この泉州旧城と各地を結ぶ街道が走り、北東郊外にかかる「洛陽橋」、南西の「安平橋」はいずれも中国を代表する橋となっている（泉州湾から東海に突き出した半島には、崇武古城がその威容を見せる）。また泉州の南西70 kmの厦門、その東側に浮かび、現在、台湾の版図となっている金門島も、歴史的には泉州文化圏に入る。

泉州旧城の変遷

CHINA
福建省

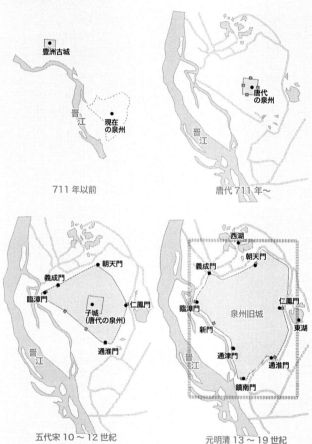

泉州旧城

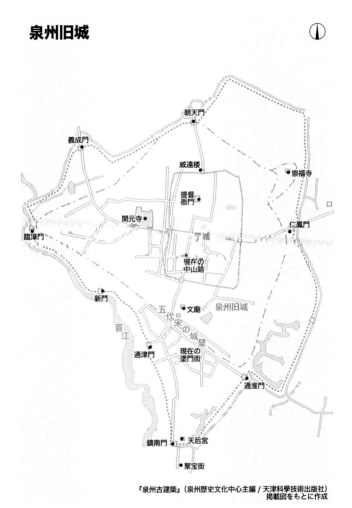

Quanzhou 百万の富集めた刺桐城

『泉州古建築』（泉州歴史文化中心主編 / 天津科學技術出版社）
掲載図をもとに作成

【地図】泉州

【地図】泉州の [★★★]
- ☐ 開元寺 开元寺 カァイユゥエンスウ
- ☐ 清浄寺 清净寺 チィンジィンスウ

【地図】泉州の [★★☆]
- ☐ 関岳廟 关岳庙 グゥアンユエミャオ
- ☐ 天后宮 天后宫 ティエンホウゴォン
- ☐ 泉州海外交通史博物館 泉州海外交通史博物馆 チュゥアンチョウハイワァイジャオトォンシイボオウゥグゥアン
- ☐ 清源山風景区 清源山风景区 チィンユゥエンシャンフェンジィンチュゥ

【地図】泉州の [★☆☆]
- ☐ 中山路 中山路 チョンシャンルウ
- ☐ 晋江 晋江 ジィンジィアン
- ☐ 霊山聖墓 灵山圣墓 リィンシャンシェンムウ
- ☐ 西湖公園 西湖公园 シイフウゴォンユゥエン

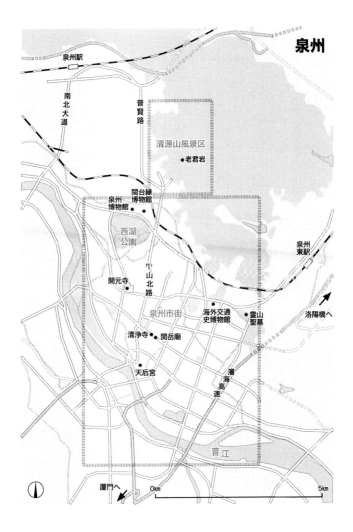

泉州 Quanzhou 百万の富集めた刺桐城

【MEMO】

CHINA
福建省

Guide,
Kai Yuan Si
開元寺
鑑賞案内

開元寺は福建四大名刹のひとつ
泉州はこの開元寺を中心に泉南仏国とも呼ばれ
中国最大規模を誇る石づくりの東西両塔がそびえる

泉州旧城 泉州旧城 quán zhōu jiù chéng
チュゥアンチョウジィウチャァン［★★☆］

泉州という名前は、清源山（北泉山）にわく虎乳泉に由来し、唐代（711年以後）には城郭をめぐらせた都市が形成されていった。五代十国から宋代にかけ、海上交易の拠点となったことを受けて街は拡大し、泉州旧城は晋江の流れや地形に沿って城壁をめぐらせる非対称の姿となった（北京や西安は矩形に城壁が走っていた）。この姿が、清源山から見たとき、「鯉」に似ていることから、泉州は「鯉城」という名前でも呼ばれた。現在の中山路と東街・西街が交わるあたりがこの

福建省

泉州旧城の中心部で、派手な装飾をほどこした赤い屋根が連なる民居は、18世紀ごろから見られるようになった。

泉州鐘楼 泉州钟楼 quán zhōu zhōng lóu
チュゥアンチョウチョォンロウ [★☆☆]

中山路と東街・西街の交わる泉州旧城のちょうど中心に立つ泉州鐘楼。三層からなり、上部に時計が載る建築は中山路整備以後の1934年に建てられた。高さは13.8mとなっていて、街歩きの起点となる。

▲左　街の中心に立つ鐘楼、まずはここを目指してみよう。　▲右　古い街並みが続く趣ある西街

西街 西街 xī jiē シイジィエ ［★★☆］

開元寺の門前街にあたり、赤屋根の民居がずらりとならぶ西街。かつての泉州旧城中心部から西門へと続く通りで、泉州のなかでも宋（960 〜 1279 年）代の街区を今に伝える。伝統民居の保護区となっていて、「西街」、また西街から南に入った「井亭巷」にも古い街並みが残る。日本が泉州に進出した戦前には、西門付近に東本願寺があった。

【地図】開元寺

【地図】開元寺の [★★★]
- ☐ 開元寺 开元寺カァイユゥエンスウ
- ☐ 東西両塔 东西双塔ドォンシイシュウワンタア
- ☐ 清浄寺 清净寺チィンジィンスウ

【地図】開元寺の [★★☆]
- ☐ 泉州旧城 泉州旧城チュゥアンチョウジィウチャァン
- ☐ 西街 西街シイジィエ
- ☐ 関岳廟 关岳庙グゥアンユエミャオ

【地図】開元寺の [★☆☆]
- ☐ 泉州鐘楼 泉州钟楼チュゥアンチョウチョォンロウ
- ☐ 通政巷 通政巷トォンチャンシィアン
- ☐ キリスト教泉南堂 基督教泉南堂 ジィドゥジィアオチュゥアンナァンタァン
- ☐ 中山路 中山路チョンシャンルウ
- ☐ 威遠楼 威远楼ウェイユゥエンロゥ
- ☐ 玄妙観 玄妙观シュゥアンミャオグゥアン
- ☐ 塗門街 涂门街トゥメンジエ
- ☐ 泉州府文廟 泉州府文庙 チュゥアンチョウフウウェンミャオ
- ☐ 泉州府学 泉州府学チュゥアンチョウフウシゥエ
- ☐ 后城街 后城街ホウチャンジエ
- ☐ 百源川池 百源川池バァイユゥエンチュゥアンチイ

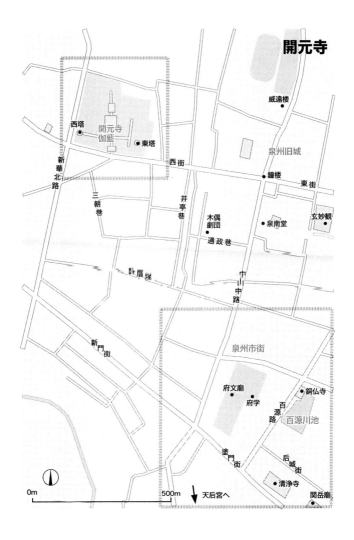

【地図】開元寺伽藍

【地図】開元寺伽藍の [★★★]
- ☐ 開元寺 开元寺カァイユゥエンスウ
- ☐ 東西両塔 东西双塔ドォンシイシュウワンタア

【地図】開元寺伽藍の [★★☆]
- ☐ 泉州旧城 泉州旧城チュゥアンチョウジィウチァァン
- ☐ 西街 西街シイジィエ

開元寺伽藍

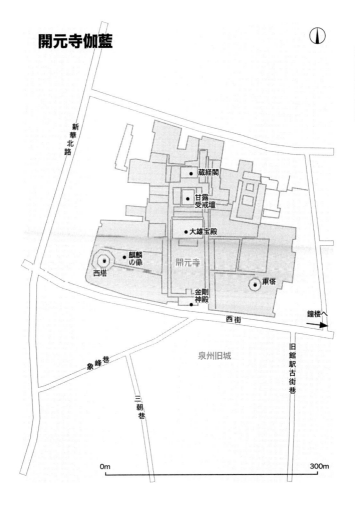

福建省

開元寺 开元寺 kāi yuán sì カァイユゥエンスウ ［★★★］

唐代の686年に創建され、福建省最大の仏教寺院として知られる泉州開元寺。開祖は黄守恭で、あたりにあった桑畑の桑に蓮花が咲いていたことから、当初、蓮花寺と命名された（黄守恭は、福建と台湾の黄姓の、共通の祖師とされる）。その後、「開元の治」を行なった唐玄宗（在位712〜756年）による全国各地の仏寺建立を機に、738年、この寺は開元寺となった。元代の1285年には1000人の僧侶を抱えていたと言われ、元末に焼失したのち、明（1368〜1644年）代に復興、増改築された。中軸線を中心に、南北630m、東西500mからな

▲左 福建省を代表する古刹開元寺。こちらは西塔。 ▲右 黄色の屋根でふかれた大雄宝殿

る広大な伽藍が展開し、とくに東西にそびえ立つ両塔は泉州の象徴となってきた。この開元寺双塔（東西両塔）は世界各地から商人の集まった泉州の国際性を反映して、ヒンドゥー教寺院の石材ももちいられている。

開元寺の伽藍

開元寺は、山門にあたる金剛神殿から大雄宝殿、蔵経閣まで、建築が奥に連なっていく中国伝統の様式をもつ。「金剛神殿」の屋根には宝珠塔が載り、左右2匹の龍が守護している。この金剛神殿を抜けると、石畳の大きな庭が広がり、「東西両

CHINA
福建省

塔」がその威容を見せるほか、開元寺創建以前の桑畑に由来する縁起のよい「桑」も残る。本殿にあたる「大雄宝殿」は極彩色の屋根で彩られ、堂内には金色の五方仏が安置されている。彩色のほどこされた飛天立体像が254体ならび、昇龍紋の刻まれた100に近い花崗岩の石柱をもつことから大雄宝殿は「百柱殿」とも呼ばれる。また大雄宝殿背後の廻廊に立つ2本の石柱は、ヒンドゥー教の神様クリシュナ神話のレリーフが残ることで特筆される。そこから毘盧遮那仏を本尊とする1018年創建の「甘露受戒壇」、元代の1285年創建の「蔵経閣」へと続く。

▲左 西塔近くに残る麒麟の彫像。　▲右　石づくり、八角五層の重厚な建築

東西両塔 东西双塔
dōng xī shuāng tǎ ドォンシイシュウワンタア [★★★]

「中国仏塔の最高傑作」とも言われる、開元寺伽藍の東西にそびえる石づくりの東西両塔。八角五層の楼閣式の塔は、泉州旧城のいたるところから目視でき、泉州のシンボルにもなってきた。「西塔（仁寿塔、無量寿塔）」は五代十国時代の916年、福建を治めた閩の王審知によって建てられ、その後、1237年に石塔になった。この塔が明代に再建されたとき、廃寺になっていたヒンドゥー寺院の資材がもちいられ、4段目にある猿の武将はインドの神猿ハヌマンだとされる（イン

CHINA
福建省

ドから伝わった神猿をもととする孫悟空誕生の瞬間だともいう)。この西塔の高さは44mになる。一方の「東塔(鎮国塔)」は865年の創建で、1250年に石づくりで再建された。高さは48mでこちらが少し高く、東塔と同様の八角五層の楼閣式のたたずまいを見せる。東西両塔は200mほどの間隔をおいて対峙し、南宋時代からほとんどその姿を変えていないという。

ストゥーパから塔へ

仏教寺院に立つ仏塔の「塔」という言葉は、ストゥーパの漢

開元寺鑑賞案内　Quanzhou

訳「卒塔婆」による。仏教は紀元前5世紀ごろの古代インドで生まれ、「仏舎利（ブッダの遺灰）」を納めるためにストゥーパが建てられたが、やがてストゥーパそのものが信仰対象となった。当初、仏教では仏像制作は禁じられていたものの、やがて仏像がつくられ、こちらが信仰の中心となると、ストゥーパは仏教寺院の後方や中心からはずれた場所におかれた。インドのストゥーパは、逆お椀型、小さな塔だったが、仏教の中国伝来（1世紀ごろ）とともに、中国の楼閣様式でストゥーパが建てられ、華やかな姿を見せるようになった。

福建省

インドと中国の出合いから

南宋から元代にかけて世界最大の港湾都市と知られた泉州には、ペルシャ、アラビア商人のほか、インド商人の姿も多く見られた。そして泉州には、インド商人の信仰の場となっていたヒンドゥー教寺院もあったという(中国人からは「えびすどもの寺」と呼ばれた)。泉州では、元末の異教排斥運動によって廃寺となったヒンドゥー教寺院の石柱2本が、明代の1389年の開元寺大雄宝殿の再建時に転用された。また開元寺西塔の4層目に見える猿の武将のレリーフは、インドの神猿ハヌマンだとされ、『西遊記』の孫悟空はこのハヌマン

▲左　自転車タクシーが走る。泉州は観光都市。　▲右　開元寺の東西両塔壁面を彩る彫刻

をモチーフとして生まれたという（神猿ハヌマンが「海のシルクロード」を通じて中国に伝わり、孫悟空となった）。唐代、玄奘三蔵が仏典を求めてインドへ旅した話『大唐西域記』を脚色した物語『西遊記』は、明代に生まれている。

Guide,
Qing Jing Si
清浄寺
鑑賞案内

交易を通じて中国を訪れたイスラム商人
泉州で建てられたモスクの姿は
イスラム世界のそれそのものの姿

清浄寺 清浄寺 qīng jìng sì チィンジィンスウ ［★★★］

泉州旧城中心に位置し、現存する中国最古のイスラム寺院（モスク）の清浄寺。唐宋時代から中国にペルシャ・アラブ商人が訪れるようになり、当時の泉州には4万人ものイスラム教徒が暮らしていたという。この清浄寺はヒジュラ暦400年にあたる北宋の1009年の創建で、元代の1310年に金阿里（キンアリ）によって、ダマスカスのモスクをもとにして大幅に再建された。イスラム教徒は唯一神アッラーを信じ、1日5度の集団礼拝、豚肉を口にしない食事、イスラム暦の使用、冠婚葬祭にいたるまで独自の生活体系をもち、清浄寺はその

【地図】泉州市街

【地図】泉州市街の［★★☆］
- ☐ 清浄寺 清净寺チィンジィンスウ
- ☐ 開元寺 开元寺カァイユュエンスウ

【地図】泉州市街の［★★☆］
- ☐ 関岳廟 关岳庙グゥアンユエミャオ
- ☐ 天后宮 天后宫ティエンホゥゴォン
- ☐ 泉州海外交通史博物館 泉州海外交通史博物馆 チュゥアンチョウハイワァイジャオトォンシイボオウグゥアン
- ☐ 清源山風景区 清源山风景区 チィンユゥエンシャンフェンジィンチュウ

【地図】泉州市街の［★☆☆］
- ☐ 泉州鐘楼 泉州钟楼チュゥアンチョウチョォンロウ
- ☐ 中山路 中山路チョンシャンルウ
- ☐ 晋江 晋江ジィンジィアン
- ☐ 芳草園 芳草园ファンツァオユゥエン
- ☐ 東湖公園 东湖公园ドォンフウゴォンユゥエン
- ☐ 東岳廟 东岳庙ドォンユゥエミャオ
- ☐ 朝天門 朝天门チャオティエンメン
- ☐ 崇福寺 崇福寺チョンフウスウ
- ☐ 西湖公園 西湖公园シイフウゴォンユゥエン
- ☐ 泉州博物館 泉州博物馆チュゥアンチョウボオウグゥアン
- ☐ 中国閩台縁博物館 中国闽台缘博物馆 チョングゥオミィンタイユゥエンボオウグゥアン

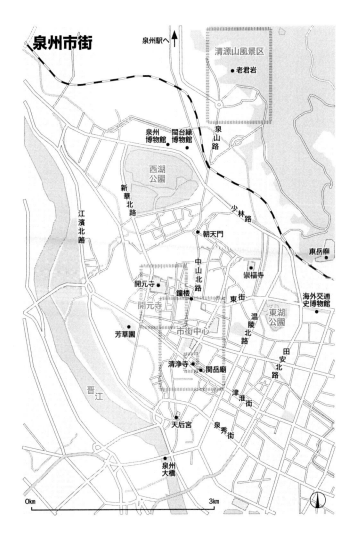

【地図】清浄寺

【地図】清浄寺の [★★★]
- [ ] 清浄寺 清净寺チィンジィンスウ

【地図】清浄寺の [★★☆]
- [ ] 関岳廟 关岳庙グゥアンユエミャォ
- [ ] 泉州旧城 泉州旧城チュゥアンチョウジィウチャァン

【地図】清浄寺の [★☆☆]
- [ ] 塗門街 涂门街トゥメンジエ

清浄寺

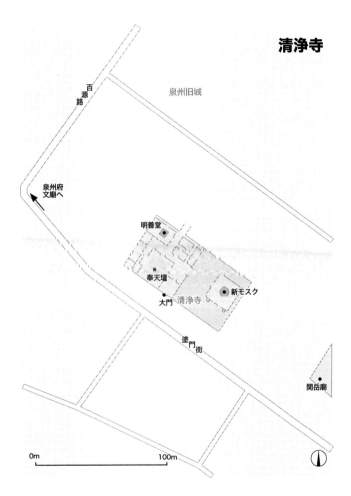

Quanzhou 清浄寺鑑賞案内

CHINA
福建省

中心となってきた。中世、世界最大の港だった泉州にはイスラム教、キリスト教、ヒンドゥー教など、さまざまな宗教を信仰する人びとが集まり、彼らは平和に共存していたという。泉州に暮らすイスラム教徒(回族)は白い帽子をかぶって、それだとわかるようにしている。

▲左　途門街に立つ清浄寺の大門。　▲右　中庭の列柱、かつて4万人のイスラム教徒が泉州に暮らしていた

清浄寺の伽藍

アーチ式の門をもち、アラビア文字がほどこされるなど、中国にあってイスラム風の建築様式をもつ清浄寺。高さ20m、幅45m、アーチ型の上部の「大門(イワン)」からなかに入ると、美しいアラビア文字の見える「奉天壇」、イスラム教徒が礼拝前に清めを行なった「千年古井」が敷地内に残る。礼拝堂には聖地メッカのほうを示すミフラーブがあり、ここで1日5度の礼拝が行なわれた。また月の満ち欠けを見るための「望月台」、1407年に出された明の永楽帝による碑文「長楽上諭(イスラムの教えを敬わなければならない)」も見える。

福建省

中国のイスラム教徒

中国に暮らす56の民族のうち、10ほどの民族がイスラム教を信仰し、なかでも北西部（新疆ウイグル自治区）に集住するウイグル族と、唐宋代以来のペルシャ・アラブ人と中国人が混血して形成された回族がその代表格と知られる。中国ではイスラム教のことを「回教」と呼び、モンゴルの元（1260～1368年）の統治下、「回教徒」は中国各地で官僚として活躍した。泉州が貿易港として空前の繁栄を見せ、マルコ・ポーロが泉州を訪れたのもイスラム教徒の活躍する元代のことだった（「回回は天下にあまねし」と言われた）。1315年、

Quanzhou 清浄寺鑑賞案内

▲左 その姿はアラブ世界そのもの。　▲右　上部にアラビア文字のカリグラフィーが見える

　長安のモスクを修復した際、皇帝から「清浄で汚れのない真の神」を意味する「清真」の名があたえられ、以来、イスラム教寺院モスクは「清真寺」と呼ばれている。また現代中国では、イスラム教を音訳した「伊斯兰教」と記すことが多い。

Guide,
Cheng Shi Zhong Xin
市街中心
城市案内

泉州旧城の中心部を走る塗門街
あたりには関岳廟や文廟が残り
南北に中山路が走る

塗門街 涂门街 **tú mén jiē** トゥメンジエ ［★☆☆］

百貨店、食料品店、店舗がならび、泉州有数の繁華街となっている塗門街。この通りの古名を通淮街といって、清浄寺、関岳廟など、宋元以来の伝統をもつ遺構も残る。五代と宋代の泉州旧城では、塗門街にそって南壁が走っていて、城壁は元代になるとさらに南側へと拡張された。そのため晋江にあった泉州港に近い商業地区という性格をもち、通りは中山路から温陵路まで全長900mにわたって続く。

【地図】市街中心

【地図】市街中心の [★★★]
- ☐ 清浄寺 清净寺チィンジィンスウ
- ☐ 開元寺 开元寺カァイユゥエンスウ

【地図】市街中心の [★★☆]
- ☐ 泉州旧城 泉州旧城チュゥアンチョウジィウチャァン
- ☐ 関岳廟 关岳庙グゥアンユエミャオ
- ☐ 天后宮 天后宫ティエンホウゴォン
- ☐ 西街 西街シイジィエ

【地図】市街中心の [★☆☆]
- ☐ 泉州鐘楼 泉州钟楼チュゥアンチョウチョォンロウ
- ☐ 塗門街 涂门街トゥメンジェ
- ☐ 泉州府廟 泉州府文庙　チュゥアンチョウフウウェンミャオ
- ☐ 泉州府学 泉州府学チュゥアンチョウフウシュエ
- ☐ 后城街 后城街ホウチャンジエ
- ☐ 百源川池 百源川池バァイユゥエンチュゥアンチイ
- ☐ 中山路 中山路チョンシャンルウ
- ☐ 承天寺 承天寺チャンティエンスウ
- ☐ 玄妙観 玄妙观シュゥアンミャオグゥアン
- ☐ 通政巷 通政巷トゥンチャンシィアン
- ☐ キリスト教泉南堂 基督教泉南堂　ジィドゥジィアオチュゥアンナァンタァン
- ☐ 講武巷 讲武巷ジィアンウウシィアン

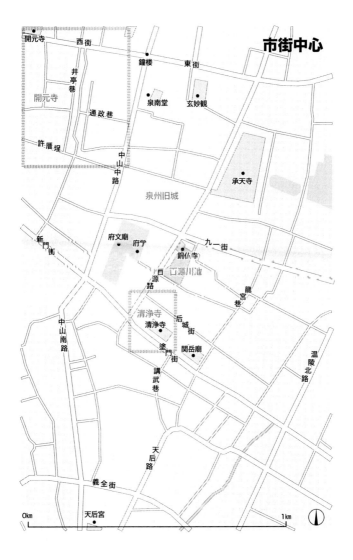

福建省

関岳廟 关岳庙 guān yuè miào グゥアンユエミャオ[★★☆]

泉州旧城の中心部、清浄寺に隣接して立つ関岳廟（通淮関岳廟）。明（1368〜1644年）代、泉州を囲んだ城壁の7つの城門に、守護神の関羽をまつる7つの関羽廟がおかれ、通淮関岳廟は泉州の関羽廟のなかでももっとも親しまれる廟だった（「三国志の英雄」関羽への信仰は、宋明理学の発展とともに高まり、とくに閩南では媽祖とならんで広く親しまれ、各地に関羽廟が建てられた）。現在の廟は20世紀になってから再建され、中央の「主殿」に関羽と岳飛（南宋末、亡国の英雄）がならび、西は劉備、関羽、張飛、諸葛亮をまつる「三

▲左　泉州中心部に位置する関岳廟。　▲右　関岳廟内部、人びとの思いにこたえる民間信仰の場

義廟」、東は曽祖光昭公、父成忠公、祖裕昌公をまつる「崇光殿」となっている。廟内では線香の香りが充満し、結婚、商売、病気、仕事などがうまくいくようにと、願いが捧げられる。黒の屋根瓦に、龍や極彩色の装飾がほどこされた閩南地方独特の建築様式をもつ。

泉州府文廟 泉州府文庙 quán zhōu fǔ wén miào
チュゥアンチョウフウウェンミャオ ［★☆☆］

文廟（孔廟）は武廟（関羽廟）とともに伝統的な中国の街には必ず建てられ、「学問の神さま」孔子がまつられていた。

CHINA
福建省

泉州府文廟は北宋の 976 年に築かれ、南宋の 1137 年に西の孔廟と、東の府学にわけられた。「洙泗橋」を渡り、派手な装飾の屋根をもつ「牌楼」をくぐって、「大成門」から文廟に入ると中庭が広がる。四方に建築をめぐらせたなか、その中央には孔子をまつる「大成殿」が立つ。清代の 1761 年に改修され、古代の祭祀で使われた礼器や楽器、その他資料が展示されている。

▲左 泉州府文廟、隣接して泉州府学が位置する。 ▲右 そり返った屋根の四隅に神獣が載る

泉州府学 泉州府学
quán zhōu fǔ xué チュゥアンチョウフウシゥエ [★☆☆]

泉州府文廟に隣接して立ち、もとは同じだったが1137年にそこからわかれた泉州府学。隋代より科挙（試験）を通じて人材登用が行なわれたのに対して、学校（府学）にはあらかじめ教育をほどこして人を育てる目的があった。宋代、泉州府から多くの官吏を輩出するなど、泉州府学は泉州府文廟とともに、学問や文化の中心地となっていた。府学の入口には「育英門」、学池の奥に「明倫堂」が立つ。

福建省

后城街 后城街 hòu chéng jiē ホウチャンジエ ［★☆☆］
清浄寺や関岳廟の位置する塗門街の背後を、東西に走る后城街。后城蔡氏宅をはじめとする古民居が残っていて、后城旅游文化街となっている。

百源川池 百源川池 bǎi yuán chuān chí
バァイユゥエンチュゥアンチイ ［★☆☆］
泉州旧城の中心部に残る百源川池。かつての泉州旧城には「八卦の溝」と呼ばれる水路が縦横に走り、百源川池は排水のための貯水池だった。現在は公園として整備され、周囲に銅仏

寺や華僑大廈が立つ。市民の憩いの場である百源川池公園では、ときに南音の演奏も見られる。

中山路 中山路 zhōng shān lù チョンシャンルウ［★☆☆］
泉州市街を南北につらぬく中山路は、かつて南街、北街と呼ばれた泉州旧城の目抜き通りを前身とする。1920年代に現在の姿に整備され、「革命の父」孫中山こと孫文（1866〜1925年）の名前がつけられた。北は譙楼広場から天后宮まで3280mにわたって続き、近代泉州の面影を伝える。福建省や広東省特有の「騎楼」と呼ばれる建築が見られ、アーケード

CHINA
福建省

状の1階に建物が覆いかぶさり、路上側に列柱が続く(1階が商店となっていて、2階以上が住宅となっている)。騎楼には、夏の日差しや風雨を避ける意味あいがあり、この地方の環境に適している。中山路の建設にあたっては、泉州から東南アジアや台湾へ進出した海外華僑の送金があった。

承天寺 承天寺 chéng tiān sì チャンティエンスウ [★☆☆]
承天寺は開元寺、崇福寺とならぶ泉州三大叢林のひとつで、「閩南の甲刹」と知られる。唐代の954〜958年ごろ、節度使留従効(906〜962年)の南園だった場所に仏教寺院が建

【MEMO】

福建省

立された。留従効は唐に続く五代十国時代に泉州の街づくりを進め、泉州では大いに仏教が栄えていたが、なかでも承天寺が泉州屈指の仏教寺院だったという。古名を「月台寺」と言い、1007年に「承天禅寺」となったのちも、明清時代を通じて幾度か再建されている。

玄妙観 玄妙观
xuán miào guān シュゥアンミャオグゥアン［★☆☆］
創建を晋の太康年間（280〜289年）にさかのぼる玄妙観。泉州でもっとも古い道教寺院で、泉州の正一派道教の中心地

▲左 古い街並みが残る后城街界隈にて。 ▲右 騎楼と呼ばれるアーケード状の通り

となってきた（泉州の道教では、在家で妻帯する者がほとんどだった）。当初は「白雲廟」と呼ばれ、康熙帝の諱名をさけて「玄妙観」から「元妙観」となったこともある。この玄妙観の位置する「東街」には、泉州の行政府がおかれていたほか、科挙を輩出した「状元街」などの街並みも残る。

通政巷 通政巷 tōng zhèng xiàng トォンチャンシィアン[★☆☆]

通政巷は、中山路から西に伸びる200mほどの路地。泉州の古民居が残るほか、南宋以来の伝統を伝える人形劇「泉州木偶劇団」の拠点も位置する。

キリスト教泉南堂 基督教泉南堂 jī dū jiào quán nán táng
ジィドゥジィァオチュゥアンナァンタァン ［★☆☆］

中山路に立ち、頂部に真紅の十字架がかかげられたキリスト教会の泉南堂。アヘン戦争後の1863年、イギリス人宣教師が泉州に訪れ、1866年、この地に泉州南街礼拝堂が建てられた。その後、いくども再建を繰り返し、2007年、高さ41.5mの現在の教会が完成した。泉州のキリスト教布教は、元代の1313年に司教管区がおかれるなど、古い歴史がある。

省超える閩南文化その精華

CHINA 福建省

浙江省南部、広東省東部、海南省、そして台湾
福建省南部を中心とした閩南文化は
省境を越えて広がる力をもっていた

閩南文化の主都

「ザイトゥン(泉州)市民の言語は独特なものである」とマルコ・ポーロは記している。福建省の古名を「閩(びん)」と言い、北京語とは通じない閩語(福建語)のなかでも、福州などの「閩北語」と、泉州や厦門の「閩南語」では互いに通じないという。この閩南語を紐帯とする閩南人は、「共通の祖をもった同姓の血縁集団で集まって暮らす(祖先崇拝や同族意識が強い)」「山がちで水系ごとに独自の方言や文化をもつ」「武器を手に死者を出すほど宗族同士で争った(械闘)」「墓の埋葬や家の風水を重視する」などの特徴をもつ。また

Quanzhou　省超える閩南文化その精華

茶の産地を抱えて茶を好み、海に面した地形から華僑として海を渡る者も多かった（閩南の泉州や漳州の人たちは、とくに対岸の台湾へ渡った）。こうした特徴をもつ閩南地方にあって、近代に発展した厦門にくらべて、1000年以上の伝統がある泉州は、閩南文化の中心地と見られている。

福建省

ど派手な建築

泉州旧城では赤屋根の古民居がずらりとならび、四隅のそり返った「屋根」、屋根を彩る精緻な「彫刻」、釉薬をほどこした「陶片群」、力強い龍の柱の「浮き彫り」が見られる。泉州にこの閩南様式の景観が現れたのは、清代の18世紀ごろからだとされる。なかでも割れた陶器の破片を装飾として利用する「剪黏（ジィエンニィエン）」は、遷界令で一旦泉州を離れ、この街に戻ってきた人びとが瓦礫を見て生み出したとも考えられている（明末清初、福建省海岸一帯を荒らす倭寇対策として、海岸沿いから一定期間、住民を移住させた）。

▲左 とことん装飾するのが閩南スタイル。 ▲右 夜、浮かびあがる清浄寺の大門の姿

また泉州はじめ、南安、恵安などこの地方一帯では、白石や花崗岩が豊富に産出され、洛陽橋や寺院の石柱でも見られるように、石がふんだんに使われた建築が建てられた。こうした閩南様式の建築は、台湾にも伝えられているほか、泉州は江戸時代の日本に渡って京都黄檗山万福寺の仏像を彫った范道生（1637〜70年）の故郷であることも注目される。

閩南に伝わる伝統芸能

安史の乱（755〜763年）で行き場を失った長安の梨園の子弟が「南遷して泉州で活動した」ことに由来するという「梨

CHINA
福建省

園戯」をはじめ、泉州にはさまざまな古典演芸が今に伝えられている。泉州南音（南曲）は、漢代、唐代に起源をさかのぼり、宋代に形成され、明清時代も引き続き、演奏されてきた。この南音で使う楽器の「三弦（サンフェン）」は琉球に伝わり、「三線（さんしん）」となり、そこから日本の「三味線（しゃみせん）」へと受け継がれたという。また泉州では、「堤線木偶戯（人形劇）」が有名で、この人形劇は冠婚葬祭などで演じられ、閩南語が使用される。泉州で育まれた閩南の伝統芸能は、福建省南部のほか、香港、マカオ、東南アジアなど、閩南人の分布にあわせて各地に伝播した。

▲左 族譜が編まれるなど閩南の宗族は強い連帯をもった。　▲右 通りから開元寺の東塔が見える

海を渡った華僑

山がちで耕作面積が少なく、海に面した地形をもつ福建省の人びとは、古くから新天地を求めて海を渡った。中国国籍をもった海外在住の中国人は「華僑」と呼ばれ、「僑」とは「仮住まい」を意味する。とくに泉州人は東南アジアと台湾に多く進出し、現地で財をなす者も少なくなかった（台湾全人口の40%が泉州出身とも言われる）。そのため泉州人が進出した東南アジアや台湾などでは、北京語ではなく閩南語が共通の中国語となっている。華僑は祖先と祖先の土地を重んじたため、海外から故郷へ送金を行ない、泉州では華僑の資金で、

福建省

街路が整備されたり、大学がつくられたりした。日本の江戸時代に建立された長崎三福寺(興福寺・福済寺・崇福寺)のなかで、崇福寺が「閩北系」、福済寺が「閩南系」、興福寺が「江南系」とわけられるなど、同じ華僑でも明確にその違いがあるという。

【MEMO】

Guide,
Cheng Shi Nan Fang
市街南部
城市案内

泉南と呼ばれた泉州旧城南のエリア
マルコ・ポーロの記した「ザイトゥンの港」があり
泉州は間違いなく世界最大の港町だった

泉州港は「東方第一大港」

泉州湾から晋江を10kmほど遡上したところに泉州旧城が位置し、泉州港はその南門外の晋江沿いにあった(そのため旧城南側が商業街としてにぎわっていた)。南北朝時代、インド僧真諦(499〜569年)が泉州九日山にいたったと伝えられ、五代十国時代にこの地方をおさめた留従効(906〜962年)、続く北宋時代をへて海上交通の重要性が高まっていった。南宋、元代になると、泉州港は広州港を凌駕して中国随一の港となり、マルコ・ポーロ(1254〜1324年)は「アレクサンドリアの百倍にあたる百隻の船が入港する」とたたえ、イブ

【地図】市街南部

【地図】市街南部の [★★★]
- [ ] 清浄寺 清净寺 チィンジィンスウ

【地図】市街南部の [★★☆]
- [ ] 関岳廟 关岳庙 グゥアンユエミャオ
- [ ] 天后宮 天后宫 ティエンホウゴォン

【地図】市街南部の [★☆☆]
- [ ] 塗門街 涂门街 トゥメンジエ
- [ ] 中山路 中山路 チョンシャンルウ
- [ ] 泉州市舶司遺跡 泉州市舶司遗址 チュゥアンチョウシイボオスウイイチイ
- [ ] 講武巷 讲武巷 ジィアンウウシィアン
- [ ] 聚宝街 聚宝街 ジュゥバオジエ
- [ ] 李贄故居 李贽故居 リイチイグウジュウ
- [ ] 晋江 晋江 ジィンジィアン

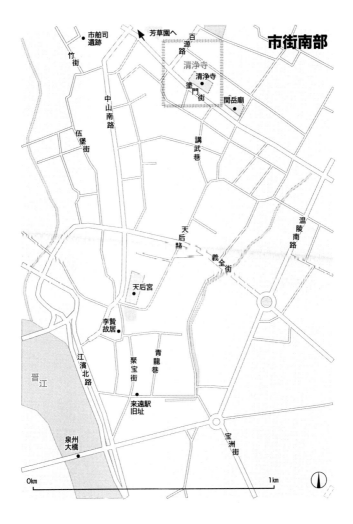

福建省

ン・バットゥータ（1304～68/77年）は「ザイトゥーンの港は世界でもっとも大きなもののひとつ、いな世界最大のものであろう」と記している。やがて晋江の土砂の堆積で、泉州港の港湾機能が低下し、明代には漳州月港、福州にとって替わられた。また明清時代、多くの泉州人が華僑となって泉州港から東南アジア、台湾へと渡っていった。

Quanzhou｜市街南部城市案内

泉州市舶司遺跡 泉州市舶司遗址 quán zhōu shì bó sī yí zhǐ
チュゥアンチョウシイボオスウイイチイ［★☆☆］

「海のシルクロード」が開け、海上交通の重要性が高まると、中国沿岸部の港町には貿易業務を行なうための市舶司が設置された。971年、広州に市舶司がおかれ、杭州、寧波に続いて1087年、泉州でも市舶司が業務を開始した（唐、北宋から南宋へと時代は遷り、おかれた街の順番は、港湾都市としての重要性の変化を意味する。やがて泉州から福州へ遷された）。莫大な交易品をあつかったことから、市舶司は巨大な権力をにぎり、とくに南宋の滅亡を決定づけるほどの海軍

CHINA
福建省

をひきいた泉州市舶司蒲寿庚が知られる。蒲寿庚はイスラム教徒(アラブ人もしくはペルシャ人)の父の代に泉州にやってきて、海賊掃討で功をあげて中国官吏に登用された。1245年ごろ、泉州提挙市舶となり、以後、30年間、世界最高の繁栄を見せたこの港の責任者として絶大な権力をにぎった。

講武巷 讲武巷 jiǎng wǔ xiàng ジィアンウウシィアン[★☆☆]
関岳廟や清浄寺などが位置する泉州旧城の中心部から、南方の天后宮へ続く細い路地の講武巷。路地の両脇には店舗がずらりとならび、昔ながらの人びとの生活が息づく。

▲左　媽祖は船乗りたちの信仰を集めた、天后宮にて。　▲右　かつての泉州港に向かって立つ

天后宮 天后宫 tiān hòu gōng ティエンホウゴォン ［★★☆］

「海の守り神」として漁民や船乗りたちの信仰を集めてきた媽祖をまつる天后宮。天后こと媽祖は北宋（960〜1127年）代、泉州にほど近い福建莆田に実在した巫女で、死後、霊験を発揮していくつもの海難を救ったことから、この地方の郷土神となった。とくに1087年に泉州に市舶司が設置されたことを受け、泉州あたりの船乗りを中心に閩南から福建、南中国沿岸部へと急速に信仰が広がっていった（南宋から元明清と時代をへて、媽祖はその地位をいっそう高め、やがて天の后「天后」の称号を得た）。この泉州天后廟は1196年の創

CHINA
福建省

建で、明代に南海遠征を行なった鄭和(1371〜1434年ごろ)の奏上もあって増築を繰り返し、中国でも最大規模の天后廟となっている。かつての泉州港のそばに位置し、海へ向かって旅立つ人は必ずここに立ち寄って、お祈りを捧げたという。媽祖信仰は福建省、広東省のほか、海を渡った華僑たちによって、台湾、東南アジアへも広がった。

天后宮の伽藍

1196年の建立から、いくども再建を繰り返して現在の姿になった泉州天后廟。天后こと媽祖は道教の神さまとして信仰されていて、周壁をめぐらせ、そのなかに中国伝統の中軸線をもつ建築群が展開する。横幅23m、高さ9mで、麒麟や龍、虎などの聖獣が屋根に載る「山門」、明代に建てられ媽祖がまつられている本殿「天后殿」、天后殿に向かって立つ「戯台」、横幅35m、奥行き20mの「寝殿」が残る。皇帝にのみ許された黄色の屋根瓦でふかれ、屋根や柱には閩南様式の装飾がふんだんにほどこされていることを特徴とする。

CHINA
福建省

拡大する媽祖信仰

福建省では、古く農村で呪術をもちいる巫女が存在し、媽祖は北宋の960年、漁業を生業とする人びとが暮らす莆田湄洲島の林家の娘として生まれた巫女だった（巫女は漢族以前の閩越族の伝統であると考えられる）。彼女の死後、海難事故が起きたとき、夜の海に浮かぶ木材が光を放って救出されたことから、これは媽祖の霊験だと考えられた。莆田以外で媽祖が信仰されるようになったのは、北宋時代、港湾都市として台頭した泉州に1196年、媽祖廟が建てられたことが大きい。海上交易の高まりとともに、船乗りに信仰されていた莆

▲左 泉州の繁栄と衰退を見守ってきた晋江。　▲右　人びとの生活が息づく講武巷

田の神さまは、福建、華南での航海神となり、明清時代、朝廷から冊封を受けて、その地位を高めていった。また同時に媽祖を信仰する多くの福建人や広東人が華僑として海を渡ったことから、東南アジア、アメリカ、日本の沖縄、横浜中華街でも媽祖廟が見られ、その数は5000とも言われる。

聚宝街 聚宝街 jù bǎo jiē ジュウバオジエ ［★☆☆］

「海のシルクロード」の中国側の起点となっていた宋元代の泉州。聚宝街は泉州港に運ばれた世界中の宝がならんでいた商業区で、聚宝街とは「宝の集まる街」を意味する。交易の

CHINA
福建省

ために泉州を訪れたペルシャ人、アラブ人、インド人などの外国人は、聚宝街に暮らして自由な商業活動を行ない、なかには豪勢な邸宅を構える者も多かった。ここは泉州旧城鎮南門の外（泉南）にあたり、中国側からすれば城壁外側の蕃坊に外国人を隔離する意図があった。マルコ・ポーロ（1254〜1324年）は聚宝街近くの泉州港繁栄の様子を「奢侈商品・高価な宝石・すばらしく大粒の真珠などをどっさり積み込んだインド海船がやってくる」と記している。また1211年、蕃商（外国商人）の出資で泉州城が修理されたという記録もあり、中国側と外国商人側は相互によい関係を築いていた。

聚宝街そばには古い路地の「青龍巷」、琉球の受け入れ窓口があった泉州「来遠駅」も残る（福州に遷る1372〜1472年まで、琉球は泉州経由で朝貢を行なった）。

李贄故居 李贽故居 lǐ zhì gù jū リイチイグウジュウ［★☆☆］
聚宝街のすぐそば、南海交易に従事していた一族を祖先にもつ李贄故居が残る。李贄（1527〜1602年）の本名を李卓吾と言い、既存の儒教的価値観を否定した異端の思想家として知られる。明末、この地で生まれて青年時代を過ごした李卓吾は、官僚として勤めるかたわら多くの著作を記した。これ

CHINA
福建省

ら著作は中国の伝統的な孔子などを否定したものだったため、「人心を惑わしている」との理由で投獄され、李卓吾は76歳で自害した。李贄故居は、李卓吾が生きた時代から何度か増改築されていて、清末期の改築時、「李贄」「卓吾」と彫られたふたつの印鑑が出土した（それぞれ陰と陽を示す）。

反骨の思想を生んだ風土

李卓吾は「本来の善は、葬式や儀礼などを行なうことではない」といった立場から、儒教、道教、仏教の権威を認めず、異端の思想とされて、その評価がわかれてきた。李卓吾（1527

▲左 李卓吾は儒教はじめ既存の思想に疑問を投げかけた、李贄故居にて。
▲右 「宝の集まる街」と繁朱街界隈の様子

～1602年）が生まれた明代末期は、倭寇が福建海岸部を荒らし、ポルトガルなどの外来勢力が到来する激動の時代だった。また李卓吾の一族も泉南に居を構え、先祖はホルムズに貿易へ行ったと伝えられるなど、アラブ・ペルシャの血筋が入っているとも考えられる。西安や北京といった中国の伝統文化、儒教的価値から遠いこの地で、李卓吾の思想は育まれた。安政の大獄で死罪となった吉田松陰は、獄中で高杉晋作あてに書いた手紙のなかで「僕去冬已来、死の一字大いに発明あり、李氏焚書の功多し」と李卓吾について記している。

福建省

芳草園 芳草园
fāng cǎo yuán ファンツァオユゥエン [★☆☆]

泉州旧城の南西部、塗門街の西へ続く新門街に位置する芳草園。亜熱帯性の泉州の気候から、1年を通じて春のように草花が生い茂るため「芳草園」と名づけられた。清朝康熙帝（在位1661～1722年）時代以来の伝統をもち、植物園として開放されている。そばには梨園古典劇院が位置する。

晋江 晋江 jìn jiāng ジィンジィアン [★☆☆]

泉州市北部の戴雲山から流れて、泉州湾にいたる全長 182 km の晋江。閩南を代表する河川で、泉州は晋江河口部に築かれ、その恵みを受けてきた。マルコ・ポーロは「（晋江は）幅の広い大河で、かつとても急流である」と記している。南宋元代までは晋江が交通路、港湾として機能を果たしたが、やがて土砂の堆積で河床が浅くなった（港湾都市泉州は漳州月港や福州にとって替わられた）。晋江両岸を結ぶ泉州大橋がかかる。

Guide,
Cheng Shi Dong Fang
市街東部
城市案内

市街東部は泉州旧城の外側に現れた
いわば泉州の新市街
南北に伸びる大動脈温陵路が走る

津坂路 津坂路 jīn bǎn lù ジィンバァンルウ ［★★☆］
温陵路の東側を南北に走る津坂路。路上に食料品店がならぶ泉州の台所とも言え、また通り両脇のレストランは夜遅くまでにぎわう。

美食街 美食街 měi shí jiē メェイシイジエ ［★☆☆］
泉州料理をはじめ、各地の料理が味わえる美食街。入口には牌楼が立ち、閩南の伝統的な建築に店舗が入居する。2000年ごろに整備された。

【地図】市街東部

【地図】市街東部の [★★☆]
- ☐ 津坂路 津坂路ジンバァンルウ
- ☐ 泉州海外交通史博物館 泉州海外交通史博物館 チュゥアンチョウハイワァイジャオトォンシイボオウウグゥアン
- ☐ 泉州旧城 泉州旧城チュゥアンチョウジィウチャァン
- ☐ 関岳廟 关岳庙グゥアンユエミャオ

【地図】市街東部の [★☆☆]
- ☐ 美食街 美食街メェイシイジエ
- ☐ 東湖公園 东湖公园ドォンフウゴォンユゥエン
- ☐ 東岳廟 东岳庙ドォンユゥエミャオ
- ☐ 崇福寺 崇福寺チョンフウスウ
- ☐ 承天寺 承天寺チャンティエンスウ
- ☐ 玄妙観 玄妙观シュゥアンミャオグゥアン

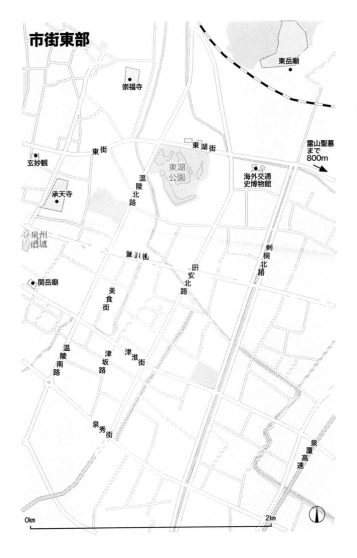

▲左　亜熱帯の豊かな緑が茂る東湖公園。　▲右　津坂路の夜のにぎわい

東湖公園 东湖公园
dōng hú gōng yuán ドォンフウゴォンユゥエン [★☆☆]

泉州市街の東部に位置する東湖公園。唐宋時代（7〜13世紀）から景勝地として知られ、古くは長安（西安）での科挙へ向かう人が、東湖のほとりで宴を行なったという。20世紀後半になって公園として整備され、亜熱帯の植生のなか、「星湖荷香」「二公亭」などが立つ。

【MEMO】

福建省

泉州海外交通史博物館 泉州海外交通史博物馆
quán zhōu hǎi wài jiāo tōng shǐ bó wù guǎn チュゥアンチョ
ウハイワァイジャオトゥンシイボオウウグゥアン ［★★☆］

「海のシルクロード」の中国側起点、「東方第一大港」とたたえられた南宋、元代の泉州海上交通について展示された泉州海外交通史博物館。1959年の創立時には開元寺そばにあったが、1991年以降、現在の地に遷された。「泉州湾古船陳列館」「泉州と古代海外交通史陳列館」「泉州宗教石刻館」「中国舟船世界」「アラビア・ペルシャ人在泉州陳列館」といった展示からなり、1974年に泉州湾から引き上げられた宋代のジャ

▲左 「海のシルクロード」を感じられる泉州海外交通史博物館。 ▲右 ジャンク船が行き交う南海。鄭和は東アフリカまでたどり着いた

ンク船、当時の人々の暮らしの手がかりとなる陶磁器や銅器などが見られる（長さ24.2m、幅9.15m、総重量200トン規模のジャンク船が飾られている）。イスラム教やマニ教などの墓石がある宗教石刻館や長年にわたって海のシルクロードの担い手でもあったイスラム文化陳列館が併設されている。

海を渡るジャンク船

東海から南海へ続く中国の海域で活躍した帆船をジャンク（戎克）船と呼ぶ。このジャンク船の特徴は、竹のように、いくつもの「分離された空間（水密隔壁）」をつなぎあわせ

CHINA
福建省

た構造をもつこと。こうすることで水に浮かべた竹の節ひとつに穴が空いても、残りの節には影響がないように、ひとつの空間が破損浸水しても船が沈むことはなく、傷ついたところだけを修理できる。大型船になれば、200人から300人が乗ることもあり、船乗りたちは子どもたちを船に住まわせ、船内で野菜を栽培することもあったという。イブン・バットゥータ（1304〜68/77年）は「（泉州で）わたくしは約一〇〇隻の大型ジャンクを見た。小さなのにいたっては数えられるものでなかった」と記している。鄭和がこのジャンク船で大航海を行ない、14世紀のカリカット（インド）に13

隻の中国船が来航したという記録が残っている。

泉州の造船業

元（1260〜1368年）代、泉州の造船技術は世界最高水準にあり、港湾都市泉州の発展は造船業によるところも大きかった。モンゴルが日本に来襲した元寇（1281年の弘安の役）にあたって、元の遠征軍600隻はここ泉州から日本へ向かった。中国から鎌倉に派遣され、杜世忠や何文著ともに処刑された撒都魯丁はイスラム教徒だったとされる。

CHINA
福建省

東岳廟 东岳庙 dōng yuè miào ドォンユゥエミャオ[★☆☆]
泉州旧城の東門外、鳳山南麓に立つ道教寺院の東岳廟。宋代1153年の建立、明代1607年の重修で、生死をつかさどる泰山（東岳）の神がまつられている。この泉州の東岳廟は少林寺の分院でもあり、南少林という武術の伝統も残るほか、近くには夫人媽廟も立つ。

霊山聖墓 灵山圣墓
líng shān shèng mù リィンシャンシェンムウ [★☆☆]
泉州市街東部、霊山南麓に位置し、イスラム教徒が眠る霊

▲左 イスラム教徒の使うアラビア文字、清浄寺にて。　▲右 市街東部は公共施設も多い

Quanzhou　市街東部城市案内

山聖墓（伊斯蘭教聖墓霊山墓地）。宋元明代、泉州で暮らし、この地で没したイスラム教徒がこの眠る。泉州でイスラム教の布教を行なった「三賢・四賢墓」、元代の1323年に建立された「アラビア語の石碑」、1417年、鄭和によって建てられた「行香碑」などが残る（イスラム教徒回族の鄭和は、5度目の南海遠征にあたって、ここで航海の無事を祈った）。霊山という名前は、この地で布教したイスラム聖者の三賢と四賢が埋葬されたのち、この山が夜になって光を放ったことから名づけられた。

福建省

イスラム教の中国伝播

イスラム教は中央アジア経由(陸のシルクロード)から長安にいたるルートと、インド洋経由(海のシルクロード)で広州や泉州にいたるルートのふたつの経路で中国に伝わった。『閩書』によると、唐の武徳年間(618〜626年)、ムハンマドの弟子4人が中国を訪れ、広州と揚州、それから泉州でイスラム教の教えを広めたという。彼らはそれぞれ一賢、二賢と呼ばれ、泉州で布教した三賢と四賢が霊山聖墓で埋葬された。大航海時代(15〜17世紀)以前に、陸やインド洋交易をになったのはイスラム教徒で、中国の発明品である製紙技

Quanzhou | 市街東部城市案内

術、羅針盤、火薬のほか、陶磁器や絹織物が西方へ伝えられた。イスラム教徒と中国人が混血して回族が形成されたほか、中国北西部では多くのイスラム教徒が暮らす。

Guide, Cheng Shi Bei Fang
市街北部城市案内

泉州旧城の北側には小さな廟がいくつも残るほか
さらに北にはこの街を代表する清源山
また泉州駅も位置する

威遠楼 威远楼 wēi yuǎn lóu ウェイユゥエンロォウ [★☆☆]
泉州旧城の中央北部に立ち、太鼓を鳴らしてときをつげる役割を果たしていた威遠楼（「譙楼」「鼓楼」「北鼓楼」とも呼ばれた）。唐代の793年、泉州刺史によって、子城（内城）の北門にこの建物（北楼）が整備され、宋代の1169年、泉州太守の王十朋が重修したと伝えられる。威遠楼という名称は、泉州が絶頂の繁栄を迎えていた元代の1349年に命名された。二層からなる堂々としたたたずまいで、高さは17.45mになる。

【地図】市街北部

【地図】市街北部の ［★★★］
- 開元寺 开元寺 カァイユゥエンスウ

【地図】市街北部の ［★★☆］
- 清源山風景区 清源山风景区 チンユゥエンシャンフェンジィンチュウ
- 泉州旧城 泉州旧城 チュウアンチョウジィウチャァン

【地図】市街北部の ［★☆☆］
- 西湖公園 西湖公园 シイフウゴォンユゥエン
- 中山路 中山路 チョンシャンルウ
- 威遠楼 威远楼 ウェイユゥエンロゥウ
- 城隍廟 城隍庙 チャンフゥアンミャオ
- 白耇廟 白耇庙 バイゴォウミャオ
- 朝天門 朝天门 チャオティエンメン
- 崇福寺 崇福寺 チョンフウスウ
- 泉州博物館 泉州博物馆 チュゥアンチョウボオウウグゥアン
- 中国閩台縁博物館 中国闽台缘博物馆 チョングゥオミィンタイユゥエンボオウウグゥアン

市街北部

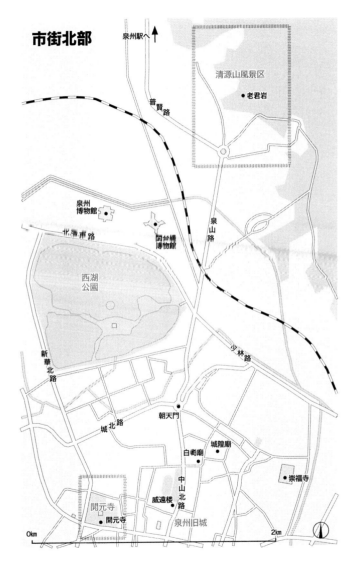

Quanzhou 市街北部城市案内

CHINA
福建省

城隍廟 城隍庙
chéng huáng miào チャンフゥアンミャオ [★☆☆]

泉州には小城隍廟と大城隍廟というふたつの城隍廟があり、「都市の守り神」がまつられていた。小城隍廟は晋江県の守り神で、こちらの大城隍廟は泉州府の城隍神がまつられていた（府と県で行政単位が違った）。南宋の1239年、侍郎趙涯によって明烈王廟として建立されたのがはじまりで、1370年、泉州府城隍廟とあらためられた。1544年にこの地に遷り、明清時代に改修を重ねている（かつて小城隍廟は、威遠楼近くの鎮撫司巷にあった）。

白耇廟 白耇庙 bái gǒu miào バイゴォウミャオ［★☆☆］
泉州旧城北部の路地に残る白耇廟。明代にスリランカの王子が建てたヒンドゥー寺院を前身とし、その後、いくどかの変遷をへて白狗神（ウィジャヤ神）が安置された。国際色豊かな泉州の性格を示し、道教の神々の彫像も見える。

朝天門 朝天门 cháo tiān mén チャオティエンメン［★☆☆］
朝天門は、泉州旧城を囲む城壁におかれた7つの城門のひとつ（北門）で、城壁のうえに二層の楼閣が立つ。21世紀に入ってから再建され、交通の起点にもなっている。

福建省

崇福寺 崇福寺 chóng fú sì チョンフウスウ [★☆☆]
開元寺、承天寺とならぶ泉州三大叢林にあげられる崇福寺。古くは城外にあたったこの地で、北宋(960～1127年)初期に建てられたのがはじまりで、1091年に崇福寺となった。大雄宝殿の北には、宋代以来の高さ10.9m、八角七層の「応庚塔」が残る。

西湖公園 西湖公園 xī hú gōng yuán シイフウゴォンユゥエン [★☆☆]
泉州市街の北西郊外に広がる西湖公園。面積100ヘクタールの巨大な公園で、湖には楼閣や亭が立つ。泉州の景勝地とし

▲左　西湖の北側に立つ中国閩台縁博物館。　▲右　こちらは泉州博物館、外観は閩南建築がモチーフとなっている

て東湖とともに知られ、20世紀末に現在の姿に整備された。周囲には、泉州博物館や中国閩台縁博物館が位置するほか、清源山風景区へも近い。

泉州博物館 泉州博物馆 quán zhōu bó wù guǎn
チュゥアンチョウボオウウグゥアン ［★☆☆］

泉州の歴史、民俗、文化を収集、展示する泉州博物館。1985年の創建当初は市街の文廟にあったが、西湖北側のこの地に遷され、2005年に開館した。「泉州歴史文化」「泉州南音、戯曲芸術」「海のシルクロード」を軸に、銅銭、青銅器や青

CHINA
福建省

花の陶磁器、景教墓碑（この地に伝わったネストリウス派キリスト教徒の墓碑）など、多種多様な内容が模型や彫像、人形を使って展示されている。幾重かに重なった赤色の屋根は、閩南地方の伝統建築をモチーフとしている。

中国閩台縁博物館 中国闽台缘博物馆 zhōng guó mǐn tái yuán bó wù guǎn チョングゥオミィンタイユゥエンボオウウグゥアン [★☆☆]

中国福建省とその対岸にあたる台湾の関係を展示した中国閩台縁博物館。多くの泉州人が台湾に渡り、台湾人のなかには福建省に本籍をもつ者も多い（台湾人の70%が閩南を祖籍

▲左　広大な敷地面積をもつ清源山風景区。　▲右　迫力ある老師像の老君岩

とするともいう)。中国閩台縁博物館では、両者の縁や交流「閩台縁」、春夏秋冬の民俗模様「郷土閩台」を展示するほか、仏像、彫像や陶磁器などを収蔵する。この博物館の建築は、「天円地方」の風水をもとに設計された。

清源山風景区 清源山风景区 qīng yuán shān fēng jǐng qū
チィンユゥエンシャンフェンジィンチュウ［★★☆］

泉州市街から北2kmに離れたところに位置する清源山風景区。「閩海蓬莱第一の山」とたたえられ、泉州という名の由来となった「虎乳泉」がわき、この清源山から見る泉州旧城

CHINA
福建省

の姿から「鯉城」と呼ばれるなど、泉州と切り離せない重要な山となってきた。3世紀ごろから清源山には道教寺院が建てられ、宋代には道教寺院が集中していた。その当時のもので、中国でもっとも古く、大きな道教の石像「老君岩（老師像）」には不老長寿の効果があるとされる（この老子像をなでると120歳まで生きられるという）。また良質の石を豊富に産出する泉州にあって、元代（1260～1368年）の石彫が点在することも特筆される。清源山風景区は、広義には「清源山」を中心に、イスラム墓地のある東の「霊山」、摩崖石刻で知られる「九日山」からなる。

清源山の景勝地

清源山風景区の入口にあたる「大山門」からなかに入り、山道を進んでいくと、高さ 5.1m、幅 7.3m、厚さ 7.2m の巨大な老師像の「老君岩」が立つ。この「老君岩」を中心に、右峰にあり、高さ 5m、幅 2m の阿弥陀仏が見られる「弥陀岩」、泉州の名前の由来となり、岩の割れ目から流れ出す「虎乳泉」、左峰にある奇岩の群れのなかでも有名な「瑞像岩」（北宋時代の高さ 4m の釈迦瑞像も見られる）、ここから泉州旧城を眺めると、鯉のかたちに見えるという「賜恩岩」などの景勝地が点在する。

【地図】清源山風景区の [★★☆]

☐ 清源山風景区 清源山风景区

　　チィンユゥエンシャンフェンジィンチュウ

清源山風景区

Guide,
Luo Yang Qiao
洛陽橋
鑑賞案内

泉州から北東10kmの地点にかかる洛陽橋
北京盧溝橋、石家荘趙州橋、潮州広済橋とならぶ
中国四大名橋のひとつにあげられる

洛陽橋 洛阳桥 luò yáng qiáo ルゥオヤァンチャオ ［★★★］
泉州北東部を流れる洛陽江がちょうど海にそそぐ位置にかかる洛陽橋（万安橋）。当初は船をつなぎあわせる浮き橋で、雨が多く、上流からの急な流れと泉州湾からの潮がぶつかることから、溺死者、船の沈没も多かった。そこで北宋の官吏蔡襄（1012〜67年）は1053年から7年間の月日をかけて石づくりの洛陽橋を完成させ、福州から泉州へいたる街道の便が劇的に変わった。47の孔をもつ中国最古の石橋で、架橋当時は1105mの長さだったと言われ、1932年の改修で全長834m、幅7mの現在の姿となった。橋には500本もの欄

【地図】洛陽橋

【地図】洛陽橋の [★★★]
- ☐ 洛陽橋 洛阳桥 ルゥオヤァンチャオ

【地図】洛陽橋の [★☆☆]
- ☐ 蔡襄祠 蔡襄祠 ツァイシィアンツウ

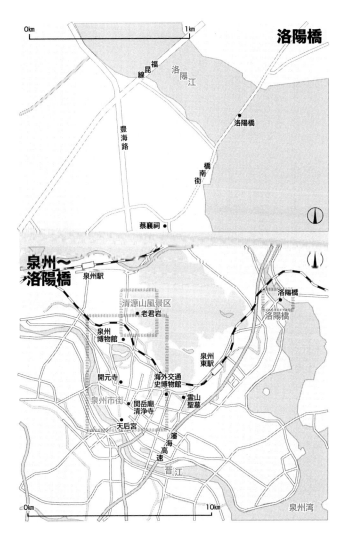

干石柱が立ち、9の石塔、81の観音像、28匹の精巧な彫刻の石獅子がほどこされている(倭寇から泉州を守る防衛拠点でもあり、中亭に鄭成功が駐屯したとも伝えられる)。また洛陽橋を拠点に漁を行なう人びと、橋脚を固定する牡蠣、成長した牡蠣をあつかう人の姿も見られる。

福建省の橋

山がちな福建省では、河川の流れが急で、くわえて海に近いことから、台風や海の時化の影響を受けることも多かった。そのため架橋環境は厳しく、大きな石を河川に投げ込んで基

▲左 洛陽橋へ続く街道沿いに街ができた。　▲右　石づくりの洛陽橋、中国を代表する橋のひとつ

礎(いかだ基礎)とし、そのうえに橋を築くといった工夫がされてきた(洛陽橋では、この基礎と橋脚を結合させるために牡蠣を養殖して天然の接着剤としている)。また、川の急な流れをやわらげるため、流れに対して橋桁を鋭角にするといったことも見られる。南安、恵安、泉州などの閩南では豊富に石を産出するため、石橋を架橋するための環境も、福建の高い架橋技術の発展に一役買った。橋をかけることで、人びとの生活や安全、街の経済状況が向上したため、仏教僧がこれを主導したことも特筆される。

福建省

蔡襄祠 蔡襄祠 cài xiāng cí ツァイシィアンツウ [★☆☆]

蔡襄（1012〜67年）は北宋時代の泉州知事をつとめ、洛陽橋の架橋はじめ、福州、杭州などで多大な成果をあげた官吏として知られる（慶暦の治を行なった北宋第4代仁宗を助けた）。19歳で科挙に合格した蔡襄は、楷書、行書、草書などの書体に通じた書家、各地の茶や飲茶を記した『茶禄』の著者としても名高い。洛陽橋がかかる以前、福清蔡氏の妊婦は洛陽江の船上で「蔡状元（科挙の首席）が船におられる」「（蔡状元は）橋をかけられるだろう」という天の声を聞いた。生まれた子ども（蔡襄）はその話を聞かされ、やがて状元となっ

▲左　洛陽橋で養殖された牡蠣をあつかう人たち。　▲右　強い流れに対して鋭角の橋桁にする工夫

て泉州知事に赴任し、洛陽橋を築いた。こうしたところから蔡襄は人びとの尊敬を集め、閩南に多く暮らす蔡氏（氏族）は蔡襄の子孫を自認する。

Guide,
Quan Zhou Jiao Qu
泉州郊外
城市案内

CHINA
福建省

泉州湾に向かってそびえる六勝塔
世界的にもめずらしいマニ教の遺構
この地方の歩みに触れる旅

九日山 九日山 jiǔ rì shān ジィウリイシャン ［★☆☆］

古くから泉州を代表する景勝地で、宋から清にかけて刻まれた70あまりの摩崖石刻が残る九日山。九日山という名前は、晋（265～420年）代に華北の戦乱を逃れて南遷してきた人びとが、9月9日の重陽節にこの山にのぼって故郷をしのんだことに由来する。山麓には泉州でもっとも早い288年創建の「延福寺（インド人仏僧真諦が滞在したという古刹)」が位置し、風が吹けば揺れるほど不安定だが、決して落ちることのない「風動石」、唐代の無等禅師の筆による西絶壁の「摩崖石刻」も知られる。南宋から元代にかけて泉州が世界最大

泉州郊外城市案内 | Quanzhou

の貿易港となっていたとき、泉州知事をはじめとする官吏はそろって九日山延福寺に参り、交易船の安全な航海を願って、祈風の儀式や宴を行なったという。

モンスーンによる交易

華北を異民族に奪われた北宋の漢族は、杭州を都とする南宋を樹立した。羅針盤の発明や航海技術の高まりと、陸のシルクロードが閉ざされたこと、交易による財源確保などがあわさって、南宋（1127〜1279年）以来、海上交易が拡大し、とくに泉州は「海のシルクロード」の中国側起点となった。

【地図】泉州郊外

【地図】泉州郊外の [★★★]
- [ ] 洛陽橋 洛阳桥ルゥオヤァンチャオ

【地図】泉州郊外の [★★☆]
- [ ] 崇武古城 崇武古城チョンウウグウチャアン

【地図】泉州郊外の [★☆☆]
- [ ] 九日山 九日山ジィウリイシャン
- [ ] 安平橋 安平桥アンピンチャオ
- [ ] 蔡氏古民居建築群 蔡氏古民居建筑群 ツァイシイグウミィンジュウジィアンチュウチュン
- [ ] 草庵マニ教遺跡 摩尼教草庵モオニイジィアオツァオアン
- [ ] 泉州湾 泉州湾チュゥアンチョウワン
- [ ] 六勝塔 六胜塔リィウシェンタア
- [ ] 泉州湾宋代沈船遺跡 宋代沉船遗址 ソォンダイチェンチュゥアンイイチイ
- [ ] 泉州台商投資区 泉州台商投资区 チュゥアンチョウタァイシャントウズウチュウ
- [ ] 晋江 晋江ジィンジィアン

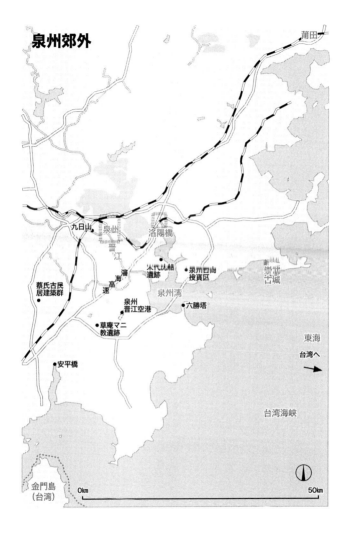

CHINA
福建省

初夏、南西の季節風に乗って中国へ来た外国商人は、秋に東北の季節風に乗って東南アジアへ帰っていく。風のタイミングを逃すと、次の季節を待たなくてはならず、また海上交易から得られる税は多額にのぼったため、泉州官吏は商人たちの航海の無事を祈って、九日山で別離の宴を開いた。九日山摩崖石刻はそのときの祈風石刻でもあった。

▲左 泉州郊外に高層ビルがならぶ新市街もつくられている。　▲右 泉州の海上交易で活躍したジャンク船

安平橋 安平桥 ān píng qiáo アンピンチャオ ［★☆☆］

泉州から南に30km、晋江市安海鎮にかかる安平橋（五里橋）。石をいくつもならべ、蛇が進むように続いていく印象的な姿を見せる。南宋時代、14年の歳月をかけて1151年に完成し、橋の長さは2070mもあり、「天下にこの橋より長き橋なし」とたたえられた（1905年に黄河大橋が完成するまで、800年のあいだ中国最長の橋だった）。橋の長さが「五里（2500m）」近くあるところから、五里橋とも呼ばれる。また安平は清軍の攻勢を前に、鄭成功（1624～62年）の母、田川氏が自害した場所としても知られる。

CHINA
福建省

蔡氏古民居建築群 蔡氏古民居建筑群 cài shì gǔ mín jū jiàn zhú qún ツァイシイグウミィンジュウジィアンチュウチュン[★☆☆]

泉州郊外南安市に残り、方形の集落全体が外壁でおおわれた蔡氏古民居建築群。閩南（福建省南部）では祖先を同じくする系譜が編まれ、いくつもの家族からなる一族が集住して教育、医療などの互助を行なう宗族が発展してきた。蔡氏古民居建築群は、清朝末期（1862〜1911年）に建設され、東西200m、南北100mの方形状の敷地に碁盤の目状にびっしりと建物がならび、黒屋根が連なっていくこの地方の伝統民居の様子を伝える。

【MEMO】

福建省

草庵マニ教遺跡 摩尼教草庵
mó ní jiào cǎo ān モオニイジィアオツァオアン [★☆☆]

元代の1339年に創建され、その後、荒廃したものの、1922年に再建された草庵マニ教遺跡。マニ教は古代ペルシャの宗教で、「海のシルクロード」の起点だった時代に泉州にも伝わった。華表山麓から階段をのぼった先に草庵寺跡の祠が立つ。花崗岩の岩壁には高さ1.5m、幅1m弱のマニ教神像（摩尼光仏）が残り、赤色放射状の光線が刻まれている。このマニ教はペルシャでついえたあとも、中国ではかたちを変えながら信仰が続き、異端とされたため仏教寺院と称して存続し

ていた。20世紀なかば、ここがマニ教寺院であることが確認され、世界的にもめずらしいマニ教の遺構となっている。

マニ教とは

マニ教 (明教) は古代ペルシャの宗教で、3世紀、ゾロアスター教の二元論をもとに、キリスト教や仏教などの宗教を融合させて生まれた。本国ペルシャでは異端とされたが、西はヨーロッパ、東は中央アジアから中国に伝わった（貿易商人ソグドが伝え、ウイグル人はマニ教を国教とした）。唐代、ゾロアスター教（祆教）、ネストリウス派キリスト教（景教）と

CHINA
福建省

ともに三夷教とされ、843年、マニ教は当時の都長安で禁教となった。一方で、泉州や温州などの東南沿岸地帯では外国商人たちに信仰され、道教や仏教など表面上の姿を変えながらも、20世紀までマニ教が持続することになった。また平安時代の藤原道長『御堂関白記』のなかに日曜日を「蜜(ソグド語のミールを音訳)」と記しているのはマニ教の影響によるものとも考えられている。

▲左 泉州郊外には世界的にもめずらしいマニ教の遺構が残る。　▲右　莆田で生まれた媽祖信仰、泉州から世界各地へ伝播した

泉州湾 泉州湾
quán zhōu wān チュゥアンチョウワン [★☆☆]

「C」の字型に半島が両側からせまり、荒波や台風をふせぐ天然の地形をもつ泉州湾。宋代、7mほどの水深のあった良港で、ここから晋江をさかのぼって船舶は泉州へ向かった。晋江沿いの河口部には、かつてアラブ人が暮らし、海神をまつる真武廟が残る「石頭街」や、蒲寿庚が海をのぞんだという「望雲楼跡」も位置する。

福建省

六勝塔 六胜塔 liù shèng tǎ リィウシェンタア ［★☆☆］

「海のシルクロード」の起点となり、世界各地からの船舶が訪れた泉州。六勝塔は北宋時代（1111〜18年）に創建され、その後、元代の1336年に再建された塔は八角五層、高さは31mにもなる。「C」の字型をした泉州湾の南側先端部に、海にのぞむようにそびえ、泉州を目指す船乗りたちにとって灯台の役割を果たしていた。

泉州湾宋代沈船遺跡 宋代沉船遗址 sòng dài chén chuán yí zhǐ ソンダイチェンチュゥアンイイチイ［★☆☆］

1973年、洛陽江河口部の后渚沖で発見された泉州湾宋代沈船遺跡。港湾都市泉州と各地を往来した貿易船で、船底部分だけが残っていた（1277年の台風で沈没されたと言われる）。この発見で、マルコ・ポーロが『東方見聞録』で記した13の「分離された空間（水密隔壁）」をもつ当時のジャンク船の構造が明らかになった。沈没した船からは、工具や什器類のほか、陶磁器や香木などが見つかっている。

福建省

泉州台商投資区 泉州台商投资区
quán zhōu tái shāng tóu zī qū
チュゥアンチョウタァイシャントウズウチュウ [★☆☆]

泉州湾をはさんで市街の対岸に位置する泉州台商投資区。中国各地また対岸の台湾からの投資を呼び込むため、2010年に設置された。金融や商業、居住区などをあわせもつ泉州の開発区として、いくつもの高層ビルを建てる計画が進んでいる。

Guide,
Chong Wu Gu Cheng
崇武古城
鑑賞案内

CHINA
福建省

対岸に台湾を見据える泉州湾の突端部
泉州市街から東35kmに位置する崇武古城
明代に築かれた見事な城塞

崇武古城 崇武古城
chóng wǔ gǔ chéng チョンウウグウチャアン [★★☆]

東海に突き出すように伸びる崇武半島の先に立ち、「小兜寨」とも呼ばれる堅固な崇武古城。三方を海にのぞみ、港湾都市泉州への入口にあたることから、戦略上、地政上、大変重要な要塞だった。城門を四方に、そのうち東西北には甕城を配し、花崗岩を重ねあわせて築かれた高さ7mの城壁は全長2455mになる。城内には漳州に本籍をもつ者が多く、1300人とも3000人とも言われる人びとと軍人が待機していた。福建省沿海部を倭寇が荒らした時代にあって、100年以上に

わたって倭寇の侵入を防ぎ続ける鉄壁の守りを見せ、明代当時の姿をそのまま伝える城郭となっている（1560年に42日間倭寇に落ちたことが記録されている）。

崇武古城のかんたんな歴史

この地は古くは十戸の寒村があるばかりだったが、海上交易の高まりを受けて北宋の1079年に街がおかれた。明代の1387年、泉州や閩南地方を倭寇の手から守るために、軍事家江夏侯氏によって現在の崇武古城が建てられ、永楽帝時代の1417年に強化された。その後、倭寇討伐で活躍した明の

【地図】崇武古城

【地図】崇武古城の ［★★☆］
- 崇武古城 崇武古城チョンウウグウチャアン

【地図】崇武古城の ［★☆☆］
- 泉州湾 泉州湾チュゥアンチョウワン

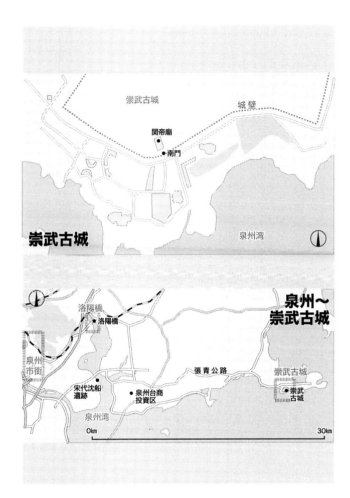

福建省

名将戚継光(1528〜87年)が管轄し、また1651年、鄭成功はここを拠点に満州族の清と戦っている。

福建沿岸部を荒らした倭寇

倭寇は14〜16世紀の長期に渡って中国東南沿海部を荒らした海賊で、当初、西日本や九州出身の日本人が構成したことから「倭(日本)の寇(賊)」と呼ばれた。ただし、16世紀になると倭寇のほとんどが中国人であったと言われ、福建、広東、琉球、台湾、朝鮮、フィリピンにいたる海域圏を勢力範囲とする商人という側面ももっていた。日本に鉄砲を伝え

Quanzhou 崇武古城鑑賞案内

たポルトガル人は、倭寇王直の船に乗っていたと言われ、また『国性爺合戦』でも知られる鄭成功（父は中国人、母は日本人）も福建省の海賊船団をひきいていた。中央（北京）に対して、なかば独立的な勢力をもったこれら海上の人たちは、明朝（1368〜1644年）からみれば「北虜南倭（北のモンゴル、南の倭寇）」として王朝の不安定要素となり、福建省沿岸部には倭寇対策のための城塞が多く築かれた。

城市のうつりかわり

海のシルクロードの起点として台頭し
やがて衰退していった港町
千年古都泉州の歩み

晋〜唐代（〜10世紀）

古くは漢族とは異なる閩越族が暮らしていた中国東南沿岸部の泉州。三国末の260年に東安県が、その後、晋代の282年に晋安郡がおかれ、南遷した漢族が中原の文化を伝えるようになった。当初、このあたりの中心は泉州からさらに晋江をさかのぼった南安にあり、泉州近くでは市街から北西の豊洲古城に行政府がおかれていた。隋代の589年、街の北にそびえる清源山にわく泉からとった泉州という名前がはじめて見える。そうしたなか、唐代の711年以降、現在の場所に県城が築かれた。当時、アラブ商人が交易のためにこの街に滞在

CHINA
福建省

し、泉州はすでに「ジャンフ」と呼ばれていたという（この時代の中国最大の港は南の広州だった）。

五代十国〜北宋代（10 〜 12 世紀）

唐末の混乱から五代十国時代に入ると、福建省には閩国が樹立され、その後、留従効（906 〜 962 年）が泉州を拠点とし、海上交易を進めたことで、街は発展するようになった。留従効は城壁を拡大し、その周囲に刺桐樹を植えたことから、泉州はこの地を訪れたイスラム商人に「ザイトゥン（刺桐）」の名で親しまれていた。五代十国から北宋へ時代が遷ると、

▲左 開店前でフルーツを売る商人に出合った。　▲右　天井のドームはイスラム教ならではのもの

異民族が中国北西部に拠ったため、陸のシルクロードに替わって海のシルクロードの比重が高まった。北宋の1087年、市舶司がおかれて、泉州は広州に次ぐ貿易港へ台頭し、経済や文化の中心が華北から華中、華南へ遷っていった。

南宋〜元代（12〜14世紀）

開封を奪われた宋は、杭州に都をおいて南宋(1127〜1279年)を樹立し、南中国を支配領域とした。南宋では、それまで以上に海上交通が奨励され、くわえて都杭州との距離の近さもあって、泉州が広州に替わって中国最大の港湾都市へ台頭し

CHINA
福建省

た。中国の富を求めて、アラブ、ペルシャ、インドなど各地の商人が泉州を訪れ、泉州はネストリウス派キリスト教、イスラム教、ヒンドゥー教、マニ教といった異なる信仰をもった人たちが共存する国際都市となっていた。また泉州の貿易事務をあつかう市舶司の蒲寿庚(イスラム教徒)が絶大な権力をにぎり、南宋から元の交替期にあって、泉州の蒲寿庚が元にくだったから、南宋の滅亡は決定的になったという。元代の1277年、泉州にひき続き市舶司がおかれて、泉州は絶頂の繁栄を迎え、この時代に泉州を訪れたマルコ・ポーロやイブン・バットゥータが街の繁栄の様子を伝えている。泉州

▲左 ジャンク船。近代以降蒸汽船にとって替わられるまで海の主役だった。
▲右 宋代からほとんど姿を変えていないという開元寺東西両塔

にはインドシナ、フィリピン、マラヤ、インドネシアはじめ、インド、ペルシャ、アラビア、日本、朝鮮からの船が訪れ、100以上の国や地域とのあいだで貿易があったという。

明清代（14〜20世紀）

明代になると泉州を流れる晋江の堆積が進み、外洋船が大型化したこともあって、泉州の港湾機能は低下した。鄭和は7度におよぶ南海遠征のなかで、当初は泉州を訪れているが、やがて泉州に立ち寄らなくなっていることも泉州の凋落を示すという（マカオ獲得以前のポルトガル人が1516年に泉州

CHINA
福建省

を訪れたという記録も残る)。代わって台頭したのが、泉州南西の漳州月港と福州で、1521年、泉州の市舶司は廃止され、福州に遷された。一方で、この時代、泉州の人びとは海外に活路を見出し、華僑として東南アジアや台湾に渡り、現地で成功する者も少なくなかった。他の地域にくらべても多い泉州人の渡航は、閩南の食や文化、言葉を各地に伝えることになり、東南アジアや台湾では閩南語が話されている。また東南アジアと長江下流域を結ぶ、泉州の地勢的な重要さは、清代以降は泉州から南西70kmの厦門に受け継がれ、厦門が現在まで福建省南部の中心地となっている。

Quanzhou 城市のうつりかわり

参考文献

『泉州古建築』(泉州歴史文化中心主編 / 天津科學技術出版社)

『ぶらり旅 福建省・泉州市 内外の神々が同居する街』(高原 / 人民中国)

『歴史を越え再び泉州から』(張雪 / 人民中国)

『中国碑林紀行 -41- 泉州 -- 貿易で異色の文化形成』(何平 / 人民中国)

『廟宇・廟祝・人形戯 -- 中国泉州東岳廟・城隍廟』(細井尚子 / 芸能の科学)

『中国泉州開元寺のヒンドゥー教神像』(平木光二 / 印度學佛教學研究)

『中国福建省泉州の嘉礼戯と梨園戯の「請神」』(細井尚子 / 演劇学)

『日本と中国における中心市街地の街づくり』(関暁麗 / エコノミスト・ナガサキ)

『中国泉州「目連」木偶戯の研究』(山本宏子 / 春秋社)

『泉州のイスラム文化』(細井尚子 / アジア遊学)

『寺廟装飾「剪黏(ジェンネン)」に関する起源・変遷及び制作過程』(張英裕・宮崎清 / デザイン学研究)

『蔡襄の諭告文』(小林義廣 / 名古屋大学東洋史研究報告)

『孫悟空の誕生』(中野美代子 / 岩波書店)

『泉州港与古代海外交通』(《泉州港与古代海外交通》編写組 / 文物出版社)

『中国名勝旧跡事典』(中国国家文物事業管理局編 / ぺりかん社)

『東方見聞録』(マルコ・ポーロ・愛宕松男訳注 / 平凡社)

『大旅行記』(イブン・バットゥータ イブン・ジュザイイ編・家島彦一訳注 / 平凡社)

『世界大百科事典』(平凡社)

まちごとパブリッシングの旅行ガイド
Machigoto INDIA , Machigoto ASIA , Machigoto CHINA

【北インド - まちごとインド】

001 はじめての北インド
002 はじめてのデリー
003 オールド・デリー
004 ニュー・デリー
005 南デリー
012 アーグラ
013 ファテープル・シークリー
014 バラナシ
015 サールナート
022 カージュラホ
032 アムリトサル

【西インド - まちごとインド】

001 はじめてのラジャスタン
002 ジャイプル
003 ジョードプル
004 ジャイサルメール
005 ウダイプル
006 アジメール（プシュカル）
007 ビカネール
008 シェカワティ
011 はじめてのマハラシュトラ
012 ムンバイ
013 プネー
014 アウランガバード
015 エローラ
016 アジャンタ
021 はじめてのグジャラート
022 アーメダバード
023 ヴァドダラー（チャンパネール）
024 ブジ（カッチ地方）

【東インド - まちごとインド】

002 コルカタ
012 ブッダガヤ

【南インド - まちごとインド】

001 はじめてのタミルナードゥ
002 チェンナイ
003 カーンチプラム
004 マハーバリプラム
005 タンジャヴール
006 クンバコナムとカーヴェリー・デルタ
007 ティルチラパッリ
008 マドゥライ
009 ラーメシュワラム
010 カニャークマリ
021 はじめてのケーララ
022 ティルヴァナンタプラム
023 バックウォーター（コッラム〜アラップーザ）
024 コーチ（コーチン）
025 トリシュール

【ネパール - まちごとアジア】

001 はじめてのカトマンズ
002 カトマンズ
003 スワヤンブナート

004 パタン
005 バクタプル
006 ポカラ
007 ルンビニ
008 チトワン国立公園

【バングラデシュ - まちごとアジア】

001 はじめてのバングラデシュ
002 ダッカ
003 バゲルハット（クルナ）
004 シュンドルボン
005 プティア
006 モハスタン（ボグラ）
007 パハルプール

【パキスタン - まちごとアジア】

002 フンザ
003 ギルギット（KKH）
004 ラホール
005 ハラッパ
006 ムルタン

【イラン - まちごとアジア】

001 はじめてのイラン
002 テヘラン
003 イスファハン
004 シーラーズ
005 ペルセポリス
006 パサルガダエ（ナグシェ・ロスタム）
007 ヤズド
008 チョガ・ザンビル（アフヴァーズ）
009 タブリーズ
010 アルダビール

【北京 - まちごとチャイナ】

001 はじめての北京
002 故宮（天安門広場）
003 胡同と旧皇城
004 天壇と旧崇文区
005 瑠璃廠と旧宣武区
006 王府井と市街東部
007 北京動物園と市街西部
008 頤和園と西山
009 盧溝橋と周口店
010 万里の長城と明十三陵

【天津 - まちごとチャイナ】

001 はじめての天津
002 天津市街
003 浜海新区と市街南部
004 薊県と清東陵

【上海 - まちごとチャイナ】

001 はじめての上海
002 浦東新区
003 外灘と南京東路
004 淮海路と市街西部
005 虹口と市街北部
006 上海郊外（龍華・七宝・松江・嘉定）
007 水郷地帯（朱家角・周荘・同里・甪直）

【河北省 - まちごとチャイナ】

001 はじめての河北省
002 石家荘
003 秦皇島
004 承徳
005 張家口
006 保定
007 邯鄲

【江蘇省 - まちごとチャイナ】

001 はじめての江蘇省
002 はじめての蘇州
003 蘇州旧城
004 蘇州郊外と開発区
005 無錫
006 揚州
007 鎮江
008 はじめての南京
009 南京旧城
010 南京紫金山と下関
011 雨花台と南京郊外・開発区
012 徐州

【浙江省 - まちごとチャイナ】

001 はじめての浙江省
002 はじめての杭州
003 西湖と山林杭州
004 杭州旧城と開発区
005 紹興
006 はじめての寧波
007 寧波旧城
008 寧波郊外と開発区
009 普陀山
010 天台山
011 温州

【福建省 - まちごとチャイナ】

001 はじめての福建省
002 はじめての福州
003 福州旧城
004 福州郊外と開発区
005 武夷山
006 泉州
007 厦門
008 客家土楼

【広東省 - まちごとチャイナ】

001 はじめての広東省
002 はじめての広州
003 広州古城
004 天河と広州郊外
005 深圳（深セン）
006 東莞
007 開平（江門）
008 韶関
009 はじめての潮汕
010 潮州
011 汕頭

【遼寧省 - まちごとチャイナ】

001 はじめての遼寧省
002 はじめての大連
003 大連市街
004 旅順
005 金州新区

006 はじめての瀋陽
007 瀋陽故宮と旧市街
008 瀋陽駅と市街地
009 北陵と瀋陽郊外
010 撫順

【重慶 - まちごとチャイナ】

001 はじめての重慶
002 重慶市街
003 三峡下り（重慶〜宜昌）
004 大足

【香港 - まちごとチャイナ】

001 はじめての香港
002 中環と香港島北岸
003 上環と香港島南岸
004 尖沙咀と九龍市街
005 九龍城と九龍郊外
006 新界
007 ランタオ島と島嶼部

【マカオ - まちごとチャイナ】

001 はじめてのマカオ
002 セナド広場とマカオ中心部
003 媽閣廟とマカオ半島南部
004 東望洋山とマカオ半島北部
005 新口岸とタイパ・コロアン

【Juo-Mujin（電子書籍のみ）】

Juo-Mujin 香港縦横無尽
Juo-Mujin 北京縦横無尽
Juo-Mujin 上海縦横無尽

【自力旅游中国 Tabisuru CHINA】

001 バスに揺られて「自力で長城」
002 バスに揺られて「自力で石家荘」
003 バスに揺られて「自力で承徳」
004 船に揺られて「自力で普陀山」
005 バスに揺られて「自力で天台山」
006 バスに揺られて「自力で秦皇島」
007 バスに揺られて「自力で張家口」
008 バスに揺られて「自力で邯鄲」
009 バスに揺られて「自力で保定」
010 バスに揺られて「自力で清東陵」
011 バスに揺られて「自力で潮州」
012 バスに揺られて「自力で汕頭」
013 バスに揺られて「自力で温州」
014 バスに揺られて「自力で福州」
015 メトロに揺られて「自力で深圳」

【車輪はつばさ】
南インドのアイラヴァテシュワラ寺院には建築本体に車輪がついていて寺院に乗った神さまが人びとの想いを運ぶと言います。

・本書はオンデマンド印刷で作成されています。
・本書の内容に関するご意見、お問い合わせは、発行元のまちごとパブリッシング info@machigotopub.com までお願いします。

まちごとチャイナ
福建省006泉州
〜海のシルクロード「出発地」[モノクロノートブック版]

2017年11月14日　発行

著　者	「アジア城市（まち）案内」制作委員会
発行者	赤松　耕次
発行所	まちごとパブリッシング株式会社 〒181-0013　東京都三鷹市下連雀4-4-36 URL http://www.machigotopub.com/
発売元	株式会社デジタルパブリッシングサービス 〒162-0812　東京都新宿区西五軒町11-13 清水ビル3F
印刷・製本	株式会社デジタルパブリッシングサービス URL http://www.d-pub.co.jp/

MP151

ISBN978-4-86143-285-9 C0326　　　　Printed in Japan
本書の無断複製複写（コピー）は、著作権法上での例外を除き、禁じられています。